사람을 살리는
말의 힘

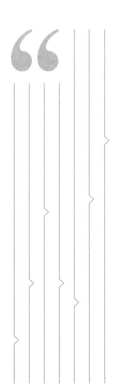

사람을 살리는
말의 힘

이정헌 전 JTBC 앵커
깨달음의 말과 글

이정헌 지음

도서출판 새빛
SAEVIT

당신에게 힘이 될
위대한 말에 올라타십시오!

저는 평생을 말과 글로 소통했던 사람입니다. 도쿄 특파원 3년을 포함해 지난 28년간 방송과 신문기자 생활을 했고, 20년간 생방송 뉴스 앵커로 좋은 소식, 나쁜 소식을 세상에 전하며 살았습니다. JTBC 아침뉴스 앵커를 맡았던 5년 동안은 생방송을 위해 새벽 2시 반에 일어나 출근했습니다. 기자와 앵커로서 전달하고자 하는 뉴스의 내용도 중요했고, 시청자들이 잘 알아듣고 이해할 수 있도록 발음도 명확해야 했습니다. 가족이 모두 잠든 새벽에 기상해 얼굴과 입 근육을 풀고 저에게 주어진 말을 잘 전달하기 위해 준비합니다. 나름 임기응변도 훈련하며 생방송에서 실수하지 않도록 마음의 근육도 단단하게 합니다. 심각한 뉴스는 심각한 뉴스답게, 조금 밝은 뉴스는 그 나름의 분위기에 맞게 표정도 관리합니다. 그렇게 제 얼굴과 제 목소리가 하나가 되어 말을 전하며 살았습니다. 그런데 마음 한구석에 뭔가 허한 것이 자꾸 걸립니다. 나름 중요한 말을 했다고 생각했는데 정작 내 말은 없는 공허함이 저에게 자꾸 말을 겁니다.

제가 입에 침이 마르도록 많은 말을 하지만, 앵커라고 할 말, 안 할 말 다 하는 것은 아닙니다. 말을 잘하려면 말을 가려서 하는 훈련도 필요합니다. 그런데 그 해서는 안 될 말들 속에 제 속마음, 제 열정, 제 삶의 의지가 숨어 있는지 전혀 몰랐습니다. 어느 날 문득 생방송 뉴스를 진행하다가, 혹은 중요한 인물과 대담을 나누다가 제 속에 꾹꾹 눌러왔던 생각과 깨달음이 세상 밖으로 나오려고 몸부림치는 걸 느꼈습니다. 도저히 억누를 수 없는 말들은 간간이 페이스북에 토해냈습니다. 그러나 그 말들조차도 숨을 죽이며 세상의 눈치를 보는 것을 발견하고 답답했습니다. 저는 가끔 책을 읽으면서 제 자신과 대화하는 시간을 갖습니다. 아니 처음에는 그 책의 저자와 대화하고 그 다음에는 그 저자의 생각이 제 안에서 어떤 화학적 반응을 일으키는지 내면 깊이 대화를 나눕니다. 그 대화 속에서 터져 나오는 한 가지 목소리가 있었습니다.

"정헌아, 네 목소리로 세상과 직접 소통해봐!"

다른 분들도 그렇겠지만 저는 말과 글을 항상 지니고 사는 사람입니다. 말은 제 본업이고 글은 저의 생각을 키우는 아주 중요한 에너지입니다. 말은 늘 토해냈지만 글은 한동안 그저 받아들이기만 했습니다. 그렇게 오랜 시간 받아들인 글들이 가끔 방송 중에 말로 튀어나옵니다. 멋진 글이 멋진 말로 튀어나올 때는 스스로 뿌듯하다는 생각이 들 때도 있습니다. 그래서 그 녀석들을 조금씩 글로 담아냈습니다. 사자성어를 통해 얻은 글, 시집을 펼치며 쿵 하고 나를 때린 시구, 어떤 위대한 석학 혹은 정치 리더가 세상을 향해 회초리처럼 뱉은 말, 그리고 늘 저의 지적 자양분으로 큰 에너지를 주었던 책 속의 천둥·번개 같은 글들… 그런 말과 글을 모아서 이정헌만의 목소리를 세상에 드러내고 싶었습니다. 제 내면에 축적된 깨달음의 목소리를 세상 밖으로 내보내 제가 힘을 얻었던 것처럼 어깨 축 처진 채로 하루하루를 성실하게 살아가는 우리 국민에게 힘을 주고 싶었습니다.

오래전부터 말은 제사장이나 신을 대리하는 영적 지도자들의 도구였습니다. 그걸 계시 혹은 예언이라고 불렀습니다. 그들의 말은 말의 힘을 아는 사람들만이 소유한 절대 권력이었고 우리는 그들의 말 아래서 통치당하며 살았던 역사를 갖고 있습니다. 소위 식자층은 말의 절대 권력을 지닌 사람들이어서 대단한 권위를 누리며 살았지만 어느 날 세종이라는 임금이 그들 식자층의 절대 권력을 뒤흔들기 시작했습니다. 새로운 농사법을 배워야 하는데 글을 모르는 백성들에게 세종은 한글을 선물해 글을 갖게 했습니다. 당연히 말의 권력을 움켜쥔 자들은 극렬하게 반대를 했었죠. 글을 알기 시작한 백성들은 점점 똑똑해졌고 완고하고 편협한 양반들은 오랫동안 누려왔던 절대 권력을 내려놓을 수밖에 없었습니다. 말과 글이 민주화되면서 세상도 점점 민주화되어 갔습니다. 잘못된 것을 당당하게 잘못됐다고 말하는 사람들이 늘어나기 시작한 겁니다. 이것이 소위 말해 언론의 작은 출발이었습니다.

저는 말이 사람을 살린다는 얘기에 정말 공감합니다. 말은 세상에 나오는 순간 그 말을 뱉은 사람이 주인이 아니고 그 말을 들은 사람이 주인이 됩니다. 어떤 사람은 아무 생각 없이 그냥 뱉은 말이었는데 듣는 사람은 그 말을 듣고 심장이 얼어붙기도 합니다. 그냥 따뜻한 마음을 담아 칭찬 한마디 했을 뿐인데, 그 말을 들은 한 아이는 몸이 공중으로 훨훨 날아오를 것 같은 기분까지 듭니다. 어떤 말은 담배 연기처럼 순식간에 사라지고 어떤 말은 납덩이처럼 마음속에 무겁게 내려앉습니다. 사랑한다는 말은 부력이 작용해 마음을 가볍게 하지만 헤어지자는 말은 쇳덩이가 되어 바다 밑바닥으로 깊이 가라앉습니다. 이런 게 우리가 마주치는 말들의 힘입니다. 정치를 하는 사람들이 뉴스에 자주 등장합니다. 그들은 참 많은 말을 합니다. 그런데 그들의 말을 듣고 마음이 하늘을 날아갈 것처럼 붕 떠오른 적이 있었나요? 서로 못 잡아먹어서 안달이 난 듯 헐뜯는 말들을 들으면 국민의 한 사람으로서 처참한 기분이 들 때가 한두 번이 아닙니다. 저도 언젠가는 국민을 위해 세상에 나가 한목소리를 내겠지만 정치를 하는 선배들의 그런 모습을 따라 하고 싶지는 않습니다. 그래서 이 책을 쓰면서 세상에 보낼 말들을 정화하고 훈련하는 시간을 갖고자 합니다.

저는 이 책을 읽는 분들에게 활짝 열리는 창문 같은 사람이 되고 싶습니다. 거친 세상을 살면서 우울하고 답답한 마음을 시원하게 정화해 드리는 그런 사람이 되고 싶습니다. 마음의 환기는 제가 깨달은 말과 글의 힘을 빌리면 가능하리라 확신합니다. 말도 피부와 같다고 합니다. 어린아이들의 말을 들어보면 그런 얘기가 수긍이 갑니다. 아이들의 말은 탱글탱글하고 톡톡 튑니다. 그런데 나이가 들수록 그 말의 피부가 축축 처지면서 윤기를 잃고 무겁게 가라앉습니다. 피부가 탱글탱글해지려면 산소와 영양소가 몸속을 잘 돌아다녀야 합니다. 마찬가지로 말이 탱글탱글해지려면 좋은 말, 좋은 글이 사람들의 정신세계를 신나게 돌아다녀야 합니다. "와, 이런 멋진 말이 다 있어!" 이런 감탄사가 나오는 산소 같은 말과 글을 자주 접하는 게 좋습니다. 저는 이 책에서 그런 산소 같은 말을 전해드릴 것이고 그 말을 통해 제 자신을 살리고, 독자 여러분을 살리고 이 세상을 살리고 싶습니다.

바쁜 세상, 독서도 힘겨울 때가 있습니다. 그 마음, 그 처지를 너무나도 잘 알기에 굳이 많은 말로 유식함을 뽐내지 않으려 합니다. 그래서 책의 구성도 최대한 압축해 읽기 편하게 만들었습니다. 마치 페이스북이나 인스타그램에서 멋진 충고, 조언, 깨달음을 만나듯 편하고 가볍게 산소 같은 말, 힘이 되는 말을 만나실 수 있을 겁니다. 제가 이 세상과 소통하며 가장 좋아하는 말은 '함께'와 '같이'입니다. 그래서 "혼자 가면 빨리 가지만 같이 가면 멀리 간다"라는 말을 좋아합니다. 같이 멀리 가기 위해 제가 타고 놀던 말을 여러분에게 보냅니다. 사자성어가 되었든 격언이 되었든 책 속의 밑줄이 되었든 이 책 속의 다양한 말 중에 여러분 인생에 딱 맞는 말이 반드시 있을 겁니다. 그 말을 타고 전쟁 같은 하루가 펼쳐지는 이 세상을 뚫고 나가시기 바랍니다. 이 책은 그냥 좋은 말만 모아 놓은 책이 아니라 저 이정헌의 깨달음이 버무려지고 농축된 에너지가 담긴 책입니다. 제가 어느 지점에 그런 깨달음을 얻었는지를 보시면 여러분도 그 말을 더 빠르고 효과적으로 타실 수 있을 겁니다.

방송의 말이 아닌 책 속의 말, 오로지 저 이정헌의 말로 여러분께 다가가게 되어 많이 설렙니다. 그 설렘이 이 책의 한 문장 한 문장에 담겨 있습니다. 그 펄떡거리는 문장들이 여러분의 삶에 흡수될 수 있도록 기도하겠습니다.

저자 이정헌

차 례

2장　　　시 한 구절의 힘

3장   **위대한 말의 힘**

<del>4장</del>   책에서 뛰어 나온 말

5장   영화, 드라마에서 건진 말

1장

네 글자의 힘

저는 언제부터인가 사자성어가 사자보다 힘이 세다는 걸 알았습니다.
우리가 어렵다고 골방에 밀어 넣은 그 옛 글자들에
몰상식한 이 세상을 살아갈 엄청난 에너지가 있음을 깨달았습니다.
그 네 글자의 에너지를 상식이 뒤집힌 세상에서 많이 힘들어하는
우리 국민에게 선물하고 싶습니다.

상선약수:
나는 물에서 인생을 배운다

상선약수上善若水 :

최고의 善은 물과 같다. | 노자 도덕경

"

법法이라는 한자를 자세히 들여다본 적이 있습니다. 물 수水변에 갈 거去. 물 흘러가듯 가라는 겁니다. 그런데 우리의 법은 그런 것 같지 않아 안타깝습니다. 저는 노자의 도덕경을 참 좋아하고 그중에서 '상선약수'에 마음이 많이 갑니다. 우리 몸의 70%가 물이기 때문에 물의 성질을 이야기하는 이 사자성어가 끌린 모양입니다.

도덕경에서 이야기하는 물의 장점은 세 가지입니다. 첫째 만물을 이롭게 하는 생명의 물입니다. 삼풍백화점 사고 때 돌덩어리 밑에 깔려 있던 사람이 소방수가 뿌려대는 물을 마시고 기적적으로 살아났다는 이야기를 들으면 아주 팍 와 닿으실 겁니다. 물의 두 번째 장점은 다투지 않는다는 겁니다. 물은 막히면 돌아가고 그 누구와도 싸우지 않고 결국 자기의 길을 갑니다. 우리 정치가 배워야 할 부분이 아닌가 생각합니다. 물의 세 번째 장점은 사람들이 싫어하는 낮은 곳으로 향합니다. 낮다는 것은 사회적으로 소외당하고 비천하고 억압받는 곳을 의미합니다. 이건 상당히 정치적인 키워드이며 또한 종교적 키워드이기도 합니다.

저는 전주 완산초등학교 3학년이던 1979년 한겨울 등굣길에 남부시장을 지나가다가 나이 든 아저씨와 마주쳤습니다. 나무판자와 양철판 등을 덧대어 만든 작은 포장마차 안에서 난방기구도 없이 웅크린 채 잠을 자고 나온 듯 온몸이 꽁꽁 얼어있었습니다. 연탄불 위에 찌그러진 양푼을 올려놓고 밥을 짓는 모습을 지켜보며 울컥했습니다. 며칠 뒤 수업을 마치고 집으로 돌아가던 길에는 시장에서 푸성귀를 팔던 한 할머니를 만났습니다. 그날은 눈까지 내리고 기온이 영하 15도 아래로 떨어져 정말 추웠습니다. 귀와 코가 금방이라도 떨어져 나갈 것 같은 강추위가 몰아쳤습니다. 그런데 얇은 옷을 입고 머리에 비녀를 꽂은 할머니는 구석에 쭈그린 채 앉아 얼어붙은 밥을 드시며 손님을 기다리고 계셨습니다. 할머니의 주름진 얼굴을 보면서 힘없고 가난한 사람들을 꼭 도우면서 살아야겠다고 다짐했습니다.

물이 낮은 곳으로 흐르듯 제 마음도 낮은 곳으로 흐릅니다. 그게 정치라고 생각합니다. 초등학교 운동장 뒤편의 멋진 스탠드

와 대리석 미끄럼틀을 설치해준 사람이 잘 아는 정치인 선배라는 사실을 월요일 아침 전교생 조회 시간에 교장 선생님께 들은 뒤에는 저도 그처럼 훌륭한 정치인이 돼서 사회적 약자 편에 서야겠다고 생각했습니다. 잘 사는 한 사람이 가난한 한 사람씩만 도와줘도 국민이 모두 행복해질 거라는 상상도 했습니다. 가난하고 힘없는 자들과 함께하는 정신은 예수님도 얘기하는 키워드입니다. 작은 물방울들이 낮은 곳으로 흘러들어 더 큰 물을 이룹니다. 물방울 하나하나는 큰 바위를 뚫을 수가 없습니다. 그러나 그 약한 물방울들이 모이면 상상을 초월할 힘이 됩니다. 함께 모인 물은 더 낮은 세상인 바다로 갑니다. 큰 강도, 실개천도 서로 차별하지 않고 바다로 갑니다. 바다로 가서 하나가 됩니다. 그 하나된 힘이 세상을 바꿉니다. 그것이 바로 물의 힘입니다.

와각지쟁:
달팽이 뿔 위에서 무얼 다투느냐

와각지쟁蝸角之爭 :
달팽이 뿔 위에서 벌어지는 싸움.
즉, 하찮은 일로 벌이는 의미 없는 싸움을 가리킴. | 장자

"

蝸牛角上爭何事 와우각상쟁하사

(달팽이 뿔 위에서 무엇을 다투느냐.)

石火光中寄此身 석화광중기차신

(부싯돌의 빛처럼 이 몸 잠시 사는데)

隨富隨貧且歡樂 수부수빈차환락

(잘살든 못살든 제 나름대로 즐거워야 하지 않는가?)

不開口笑是癡人 불개구소시치인

(입 벌리고 껄껄껄 웃지 않는다면 당신은 바보~)

스케일이 큽니다. 100년도 못 사는 우리 인생인데 술 한잔하면서 호탕하게 웃고 살자고 합니다. 아등바등하며 살 거 뭐 있습니까. 그저 한 평생 즐겁게 웃으며 살다 가면 잘 살았다고 얘기할 겁니다. 백거이의 시구에도 나오는 네 글자. 와우각쟁은 원래 〈장자〉에 나오는 표현입니다. 와우각蝸牛角, 즉 달팽이 뿔은 '좁디좁은 세상'을 뜻합니다. 〈장자〉의 '칙양則陽' 편에는 달팽이 왼쪽 뿔에 사는 촉씨觸氏와 오른쪽 뿔에 사는 만씨蠻氏 부족이 서로 영토 다툼을 벌이다가 큰 희생을 치렀다는 우화가 나옵니다. 광대한 우주에 비교하면 사람 사는 세상은 달팽이 뿔 위처럼 조그만 세상입니다. 아마도 장자는 우주의 크기를 알았던 모양입니다. 그렇지 않으면 우리 인생을 달팽이 뿔 위의 싸움이라 어찌 비유할 수 있었겠습니까.

저는 기자와 앵커, 도쿄 특파원으로 신문사와 방송사에 근무할 때 나이 많은 동기나 후배들과의 관계가 종종 불편했습니다. 끊임없이 질투와 견제의 대상이 되기도 했습니다. 작은 조직일수록 서로 경쟁하고 깎아내립니다. 그러나 저는 그런 경쟁에 초연했습니다. '와각지쟁'의 마음으로 '당신들은 나의 경쟁 상대가 아니야, 나는 더 큰 일을 할 사람이야'라고 마음을 다졌습니다. 하찮은 일로 경쟁하지 않고 뚜벅뚜벅 무소의 뿔처럼 걸어갔습니다. 서울에서 대학을 졸업한 뒤 안타깝게도 메이저 방송사에서 기자 생활을 시작하지 못했습니다. 1994년 광주 MBC에 입사했고, 3년 뒤 고향 전주로 돌아와 JTV 전주방송의 기자와 앵커로 14년 동안 일했습니다. 그리고 2011년 중앙일보, JTBC로 옮겨 11년간 언론인의 사명을 다했습니다. 도전하고 또 도전하며 작은 갈등은 크게 개의치 않고 살았습니다.

제가 끊임없는 견제와 경쟁 속에서도 버틸 수 있었던 것은 바로 '와각지쟁'의 교훈 덕분이었습니다. 정년을 10년 남겨둔 상태에서 방송 마이크를 내려놓고 정치에 뛰어든 결단도 더 큰 세상을 바라보는 '와각지쟁'의 마음입니다. 대한민국의 정치권 싸움은 예나 지금이나 달라진 게 없습니다. 가만히 지켜보면 그 싸움 자체가 애들 싸우는 것보다 못할 정도로 유치합니다. 극히 평범한 제가 보기에도 이런데 하나님이 보시기에는 어떻겠습니까. 혀를 차도 골백번은 찼을 겁니다. 우리는 하루에도 몇 번씩 싸울만한 일도 아닌데 싸웁니다. 서로 잘났다고 머리를 내밀지만 우리 인생이란 게 부싯돌이 반짝이는 사이에 달팽이 뿔 위에서 스쳐 지나가는 존재 아닙니까. 그렇게 싸우면서 보내기에는 우리 인생이 너무 아깝다는 생각이 듭니다. 당나라 시인 백거이처럼 호탕하게 웃으며 하루하루 즐겁게 보내는 게 올바른 인생살이 아닐까 생각합니다.

위도일손:
비워야 더 많은 것을 채울 수 있다

위도일손爲道日損 :

도를 닦는 것은 날마다 비우는 것이다. | 도덕경

"

　저는 새로운 꿈을 향해 도전할 때마다 가지고 있던 모든 걸 내려놓았습니다. 나이 마흔 살에 JTV 전주방송의 안정적인 기자와 앵커직을 포기했습니다. 서른다섯 살부터 맡았던 보도국 간부직도 내려놓았습니다. 그리고 서울로 올라가 처음부터 다시 시작했습니다. 2022년 1월 JTBC에 사표를 내고 정치권에 첫발을 내디딜 때도 미련 없이 모든 걸 버렸습니다. 예측 가능한 삶을 살기보다는 하루하루 가슴 뛰는 삶을 살고 싶다는 생각이 저를 사로잡았습니다. 그게 '위도일손'의 정신 아닌가 생각합니다.

　우리가 죽을 때 입는 수의에는 주머니가 없습니다. 갈 때는 다 비우고 가라는 뜻이겠죠. 우리는 태어날 때 주먹을 꽉 쥐고 태어나서 죽을 때는 손을 다 펴고 갑니다. 태어나면서부터 무언가를 하나둘씩 잡기 시작하다가 죽을 때가 되어서는 다 내줍니다. 결국 잘 죽는다는 건 다 내주고, 다 비우고 간다는 얘기입니다. 비운다는 것…. 우리같이 평범한 사람들에게는 분명 쉬운 일은 아닙니다. 그렇기에 도덕경에서도 여러 번 강조하는 것이라 생각합니다.

〈대통령의 염쟁이〉라는 책을 쓴 유재철 원장은 책에서 이런 이야기를 합니다. 모든 걸 비우고 가볍게 가신 분은 100kg이 넘는 거구라고 해도 몸이 가볍고, 그렇지 않은 사람은 60kg도 안 되는데 엄청 무겁다는 겁니다. '위도일손'은 한 마디로 버림의 미학이라 할 수 있습니다. 우리는 하루하루를 무언가 채우면서 살아갑니다. 뱃속도 맛있는 걸로 채우고, 아파트도 한 채로 부족해서 두 채 세 채를 가지려 합니다. 집안의 살림살이를 한번 보십시오. 시간이 지날수록 짐이 늘어갈 겁니다. 이사 한 번 갈 때 보면 살림살이 불어나는 게 가히 기하급수적입니다. 이사할 때마다 버리는 게 일일 정도니까요.

제가 볼 때 비운다는 건 물질적인 비움과 정신적인 비움으로 나눌 수 있습니다. 물질적인 비움에는 육체적인 비움, 쓰레기 비움, 돈의 비움 등이 있습니다. 이런 비움을 실천해야 일상에서 '위도일손'을 실천하는 겁니다. 정신적인 비움은 무엇일까요? 욕심, 집착, 소유, 허영 등등이겠죠. 결국 물질적 채움을 작동시키는 마음들일 겁니다. 채우는 건 누구나 할 수 있는 일입니다. 그러나 비우는 건 아무나 할 수 없는 깨달음의 영역입니다. 인생의 성공 비결은 잘 깨닫는 것입니다. 잘 깨달으려면 잘 비워야 합니다. 움 켜쥐지 마십시오. 스트레스와 병까지 움켜쥐게 됩니다. 내려놓으십 시오. 비우십시오. 그것이 인생을 가볍게 잘 사는 비결일 겁니다.

필작어세:
작은 것을 섬겨야 큰 것을 이룬다

필작어세必作於細 :
모든 일은 반드시 작은 일에서부터 시작된다. | 도덕경

"

2022년 10월 29일 밤, 대한민국 수도 서울에서 또 하나의 끔찍한 참사가 발생했습니다. 세월호 사고의 상처가 채 아물지도 않았는데 청춘 159명이 압사 등으로 인해 목숨을 잃었습니다. 이태원 핼러윈 축제를 즐기기 위해 거리로 쏟아져 나온 젊은이들이 한데 뒤엉키면서 3백 명 이상의 사상자가 속출했습니다. 그런데 이 사고는 작은 것을 무시했기 때문에 일어난 철저한 인재였습니다. 참사 몇 시간 전부터 위험을 알린 신고가 있었는데 제대로 대응하지 않았습니다.

작은 것을 무시하면 안 됩니다. 작은 것의 신호가 큰 사고를 막을 수 있습니다. 깨진 유리창의 법칙이나 하인리히의 법칙이 그걸 증명합니다. 세상의 모든 일은 아주 작은 신호, 아주 작은 움직임에서 시작됩니다. 작은 미소, 작은 몸짓, 작은 실수…. 이 작은 것들이 무엇을 얘기하는지 귀 기울여 듣고 눈 크게 뜨고 보십시오. 천리 길도 한 걸음부터이고 개미 한 마리가 만리장성을 무너트릴 수도 있습니다. 공들여 쌓은 탑도 벽돌 한 장 빼면 와르르 무너집니다. 사람을 힘들게 하는 것은 저기 먼 곳에 있는 무시무시한 짐승이 아니라 자기 신발 안에 있는 모래라고 합니다. 지금 눈앞의 불편에 집중하십시오. 거창한 것을 개선하려 하기보다 아주 작고 나쁜 습관을 개선하십시오. 그 작은 변화에서 큰 변화로 가는 에너지의 흐름이 만들어집니다. 한비자에서는 천 길이나 되는 높은 제방도 개미나 땅강아지의 작은 구멍으로 무너진다고 얘기합니다. 맹자는 '사소주의事小主義'라는 말로 작은 것을 섬기라고 충고합니다.

저는 항상 큰 꿈을 향해 달려왔지만 하루하루 작은 일에도 최선을 다했습니다. 매일 작은 벽돌 한 장을 완벽하게 구워낸다는 심정으로 생방송 뉴스를 준비하고 진행했습니다. 멋진 벽돌을 꾸준히 쌓아가는 그 마음에 집중했습니다. 그 벽돌들이 모여 작은 양옥집이 될지, 큰 성이 될지, 학교가 될지, 아니면 국회의사당이 될지는 아직 모릅니다. 작은 것에 최선을 다해야 큰 것을 이룰 수 있다는 생각으로 벽돌 한 장 한 장을 쌓아갑니다. 그 한 장 한 장이 지금의 이정헌을 만들었습니다. 작은 것을 섬긴다는 건 정치적으로도 확장할 수 있습니다. 서민들과 힘없는 이웃을 섬기는 것이 참된 정치라는 의미일 수도 있습니다. 성경 말씀에도 나옵니다. 그 시작은 미미했지만 끝은 창대하리라. 작은 것을 소중히 하면 끝이 거창해집니다. 처음부터 거창한 걸 챙기면 작은 것들의 반란을 막아내지 못합니다. 오늘부터 '필작어세', '사소주의'의 정신으로 생활 속에서 작은 것들을 챙기는 습관을 들이시기 바랍니다. 저 이정헌도 작은 변화, 작은 시작으로 세상을 위한 창대한 끝을 완성해볼까 합니다.

대음희성 :
소리 없이 강한 사람이 되라

대음희성大音希聲 :
정말 큰 소리는 소리가 없다. | 도덕경

"

저는 평소에 목소리가 좋다는 말을 자주 듣습니다. 이 목소리로 성악가가 되는 꿈을 꾼 적도 있습니다. 사람들은 저에게 목소리도 좋은데 말도 잘한다고 얘기하지만 뉴스 진행할 때만 그렇습니다. 평소에는 말을 그렇게 많이 하지 않습니다. 사실 방송할 때도 차분하게 상대의 말을 더 듣고, 인터뷰이가 편하게 말을 할 수 있도록 판을 깔아주는 역할을 합니다. 방송도 그렇지만 정치도 말보다는 듣는 게 중요합니다. 경청의 리더십이 필요합니다. 방송을 내려놓고 정치 신인으로 지역을 돌 때도 시민들의 말을 더 많이 들으려고 했습니다. 그런데 말을 많이 하지 않는다고 소리가 나오지 않는 게 아닙니다. 오히려 말을 줄일수록 내 속에 잠재된 소리가 사람들 사이에서 더 크게 울려 퍼지는 걸 느낍니다. 그것이 '대음희성'인 것 같습니다.

'대음희성'만큼 좋아하는 사자성어가 '근청원견近聽遠見'입니다. 가까이 듣고 멀리 내다본다는 말입니다. 저는 이 두 개의 사자성어를 들고 정치에 뛰어듭니다. 그게 정치의 본질을 생각하게 하는 말인 것 같아서 그 두 말을 생활 속에서 실천하려 합니다. "큰 네모는 귀퉁이가 없고, 큰 그릇은 더디게 만들어진다. 큰 소리는 소리가 들리지 않으며, 큰 형상은 모양이 없다. (大方無隅 大器晚成 大音希聲 大象無形)" 이 구절은 도덕경 첫 장에 나오는 '도라고 이름 붙여진 것은 도가 아니다'라는 것과 일맥상통합니다. 정작 큰 소리는 자기 소리를 자랑하지 않습니다. 세상에 드러내려고 애쓰는 소리가 아니라 자연스러운 울림이 진정으로 큰 소리라는 얘기입니다.

장자의 〈천지〉 편에 이런 구절이 나옵니다. "슬프구나. 큰 소리는 세상 사람의 귀에 들어가지 않고 듣기 좋은 유행가는 갈채를 받는다. 이 때문에 고매한 말은 뭇사람의 마음에 들지 않으니 지극한 말이 나오지 않으면 속스러운 말이 유세를 떨치는 법이다." 사람들은 자기 목소리를 세상 사람들에게 들리게 하려고 더욱 키우고 더 화려하게 포장합니다. 그렇게 강제적으로 퍼부어 대는 소리는 진정한 소리가 아닙니다. 시끄러운 사람이 내공 깊은 거 못 봤습니다. 소리 없이 강해야 하고 수식 없이 소통해야 합니다.

우리나라에는 매너 없이 목소리만 큰 사람이 많습니다. 자동차 사고가 나면 목소리 큰 놈이 이긴다는 잘못된 명언을 가지고 다니는 사람도 있습니다. 소리가 큰 사람은 수준이 낮은 사람입니다. 큰 소리로 설득하려는 사람은 제일 하수입니다. 큰 소리는 폭력이고 강압입니다. 큰 소리는 소통을 전제하지 않습니다. 쌍방향이 아닌 일방통행입니다. 소통하려면 목소리를 좀 낮추어야 합니다. 소리가 크면 귀를 닫으려 하지만 소리가 작아지면 귀를 기울이게 됩니다. 더 집중하게 됩니다. 세상에는 잘난 사람도 많고 목소리 큰 사람도 많습니다. 평범하고 목소리도 작은 당신이 그들보다 못났을까요. 노자는 절대 목소리 큰 사람, 힘 있는 사람을 인정하지 않습니다. 평범함의 힘, 작은 소리의 힘을 기억하십시오. '대음희성'은 소리 없이 강하게 사는 길을 보여줍니다.

화이부동 :
다양성을 인정하는 게 민주주의

화이부동和而不同 :
남과 사이좋게 지내되 의義를 굽혀 좇지는 아니한다는 뜻으로,
곧, 남과 화목和睦하게 지내지만 자기自己의 중심中心과
원칙原則을 잃지 않는다는 의미. | 논어

"

"틀린 것이 아니라 다른 것이다." 사람 사는 사회에서 저는 이 말이 중요하다고 생각합니다. 자기 혼자 살 수 없는 게 이 사회라면 공존을 위한 지혜가 필요합니다. 그 지혜는 너와 내가 서로 다르다는 전제에서 시작됩니다. '나는 맞고 너는 틀리다'라는 배척 정신이 아니라 너와 내가 다르기 때문에 서로 맞춰가고 배려하며 공존하는 겁니다. '화이부동'은 공존을 위해 필요한 네 글자입니다. 논어에서 군자는 자기와 타인의 차이를 인정해야 한다고 합니다. 타인을 지배하거나 자기의 생각 속으로 흡수하려 해서는 안 됩니다. 타인을 자기와 동일시하는 자세는 독재를 부릅니다. 지배하려는 자는 소인이고 배려하는 자는 대인입니다. 지도자는 배려하는 자이어야 합니다. 자신의 견해와 다른 생각들을 들으려 하고 그걸 인정하며 배려해야 합니다. 그것이 민주사회가 필요로 하는 지도자상입니다.

'화이부동和而不同'을 사전적으로 다시 해석하면 이렇습니다. 남과 사이좋게 지내되 의義를 굽혀 좇지는 아니합니다. 곧, 남과 화목和睦하게 지내지만 자기自己의 중심中心과 원칙原則을 잃지 않습니다. 좀 더 쉽게 풀이하자면 '서로 다른 것이 각자 고유의 정체성을 유지하면서 서로 화합한다'라는 것이 '화이부동'의 의미입니다. '화이부동'의 뒤통수를 치는 말이 아마도 '부화뇌동'일 겁니다. 자기 이익을 위해 자존심 다 버리고 꼬리를 치는 행동 말입니다.

제 고향 전주는 비빔밥으로 유명합니다. 나라를 운영하거나 정치를 하는 사람들에게 전주의 비빔밥 정신을 권합니다. 비빔밥에 들어가는 재료들은 서로 다른 성질을 가지고 있습니다. 그러나 그것들이 비빔밥 속에서 자기 성질을 유지하면서도 조화롭게 비벼져서 새로운 맛을 냅니다. 저는 그 비빔밥 정신이 '화이부동'이라 얘기하고 싶습니다. 저는 JTV 전주방송 기자 시절 제작한 다큐멘터리 3부작 '비빔의 맛, 융합의 코드'(기획·취재 이정현, 정윤성 촬영·편집 정희도)로 한국기자협회 제181회 이달의 기자상 지역기획 보도 방송 부문을 수상한 바 있습니다. 이 프로그램에서 우리 전통음식인 전주비빔밥에 들어가는 다양한 식재료를 통해 화합과 융합이라는 이 시대의 새로운 시대정신을 읽어냈습니다. 비빔밥 정신의 기본은 화합과 융합입니다. 우리 정치가 필요한 것도 화합과 융합입니다. 나와 다른 것을 나쁜 것이라 생각하지 마십시오. 다름은 공존이고 틀림은 배척입니다. 다를 수 있지만 틀린 건 아닙니다. '화이부동'은 서로 다름을 인정하는 민주주의 기본 정신이 아닐까 생각해 봅니다.

알묘조장:
제발 스스로 크도록
내버려 두어라

알묘조장揠苗助長:

억지로 싹을 뽑아서 성장을 돕는다. | 맹자

"

아이들이 스스로 공부할 힘을 키우기보다 돈 쏟아부어 사교육의 힘으로 성적을 끌어올리려는 무리한 욕심, 자발적인 힘으로 지적 내실을 다질 생각은 안 하고 그저 성적 지상주의에 빠져 남들에게 보여지는 서열만 따지는 교육. 이건 교육이 아니라 생산입니다. 그렇게 생산된 인재(?)들은 자신의 힘으로 무언가를 만들어 내는 창의력이 거의 없는 빛 좋은 개살구에 불과합니다.

'알묘조장', 해석하자면 억지로 싹을 뽑아서 성장을 돕는다는 의미입니다. 딱 지금의 사교육을 보여줍니다. 아직 준비가 안 된 아이들에게 강제적으로 지식을 주입하고 억지로 성적을 끌어올립니다. 자기 힘으로 깨우쳐 가며 올라간 성적이 아닌 이상 그런 성적은 공든 탑에 불과합니다. 벼가 스스로의 힘으로 땅속에 파고들어 뿌리를 내리듯이 사람 역시 세상을 살아갈 기초적인 뿌리를 내릴 수 있는 시간을 줘야 합니다. 뿌리도 내리지 않았는데 크기만 키우려고 하면 성장을 멈추게 되는 것입니다.

'알묘조장'은 맹자에 나오는 이야기입니다. 송나라의 어느 농부가 이웃 논의 벼는 잘 자라는 데 자기 논의 벼만 안 자란다고 억지로 모를 하나하나 뽑아서 키를 높였습니다. 뭘 잘한 일이라고 이 한심한 농부는 집에 돌아가 가족들에게 자기가 한 일을 자랑까지 합니다. 가족들이 놀라서 논으로 달려가 보니 모가 모두 뽑혀 말라 죽어있더라는 겁니다.

제 나이 30대 후반 전주에서 메인뉴스 앵커를 하던 시절 정치를 해보라며 권유하신 분이 계셨습니다. 당시 전주시장이셨고 훗날 전북도지사까지 지내신 분입니다. 저는 초등학교 3학년 때 어느 선배 정치인을 알게 되면서 정치의 꿈을 꾸기 시작했지만 아직은 때가 아니라고 말씀드렸습니다. 때가 되지 않았는데 자기 욕심으로 정치판에 뛰어들면 본인과 가족은 물론이고 지역사회와 국가에도 큰 해악을 끼칠 수 있다고 잘라 말했습니다. 그러면서 "지금은 많이 부족합니다. 시대가 저를 필요로 하는 시점에 제가 할 수 있는 역할이 있을 것입니다. 그때를 기다리겠습니다." 라고 말했습니다. '알묘조장' 하지 않고 때를 기다렸습니다. 때를 기다리며 꼼꼼하게 준비했습니다. 정치인들이 단명하는 이유도

'알묘조장' 때문이지 않을까 생각합니다. 지나치게 마음이 앞서면 욕심이 드러나고 다른 이들에게 해가 될 수 있습니다.

전주의 한 어르신이 이런 말씀을 하셨습니다. "인간의 법칙을 넘어서는 우주 법칙이 있는데 그중의 하나가 불간섭주의다. 세상 모든 것들은 간섭하는 순간 성장을 멈춘다. 그냥 내버려 두어야 더 크게 성장한다. 자기 알아서 뿌리를 내리고, 알아서 성장하도록 제발 좀 간섭하지 말고 내버려 두어라." 맞는 말씀입니다. 누군가 시시콜콜히 간섭하면 짜증이 납니다. 내 힘으로 충분히 할 수 있는데 자꾸 옆에서 훈수 두려고 하면 그나마 하던 일도 김이 새서 하기 싫어집니다. 제발 좀 간섭하지 말고 자신의 힘으로 성장할 수 있도록 내버려 두십시오. 그게 최고의 교육입니다.

서시빈목:
항상 자기의 보폭으로 걸어가라

서시빈목西施嚬目 :

서시가 눈살을 찌푸린다는 뜻으로, 덮어놓고 남의 흉내를 내거나,

또는 남의 단점을 장점인 줄 알고 모방하는 어리석음을 말한다.

"

저는 서울의 메이저 방송사에서 기자 생활을 시작하고 싶었
지만 쉽지 않았습니다. 실패의 연속이었습니다. 그러나 좌절하지
않고 흔들리지 않았습니다. 지방에서 기자 생활을 할 때는 페이
스를 잃지 않고 벽돌 한 장 한 장을 쌓는 마음으로 주어진 일에
최선을 다했습니다. 김일성 사망, 성수대교 붕괴 등의 빅뉴스가
터지면 지방 기자로서 할 수 있는 게 없다는 자괴감이 들 때도
많았습니다. 역사의 중심에서 현장을 기록하며 국가 발전에 동참
하고 싶었지만 그 마음을 세상이 외면했습니다. 그럼에도 불구하
고 꿈을 버리지 않았습니다. 주어진 삶에 적당히 만족하면서 세
월을 보낼 수는 없었습니다. 세상과 타협하지 않고 묵묵히 제 길
을 걸어갔습니다. 저는 살면서 흔들릴 때마다 보폭을 늘 생각했
습니다. 분수에 넘치는 욕심을 자제하려고 노력했습니다. 그저
주어진 자리에서 최선을 다하는 것이 나의 길을 만든다고 생각

했습니다.

갈대는 바람에 흔들리지만 꺾이지는 않습니다. 사람은 비교에 흔들리고 결국에는 꺾입니다. 남과의 비교는 자기를 망치는 치명적인 병입니다. 잘된 것을 벤치마킹하는 건 비교가 아닙니다. 그 장점을 흡수해서 내 보폭에 맞게 발전시킵니다. 그러나 잘된 것을 모방하고 따라가기만 하면 자기 자신을 잃는 추락의 지름길로 들어서게 됩니다. 아무리 좋은 것이라고 해도 장단점이 있습니다. 그런데 우리는 그 좋은 것의 단점까지 다 따라 하려 합니다.

'서시빈목'은 사리 판단 없이 남 흉내 내는 걸 빗대서 나온 네 글자입니다. 서시는 춘추 때 월나라의 미녀입니다. 그녀는 가슴앓이 병이 있어 아플 때마다 양미간을 찌푸리고 가슴을 어루만졌다고 합니다. 사람들은 이런 찌푸린 모습까지도 아름답다고 말했습니다. 동시라는 여인은 서시의 이웃에 살았습니다. 동시는 서시의 미모를 흠모하다가 아플 때 양미간을 찌푸리는 모습까지 따라 했습니다. 본래 동시는 밉게 생겼나 봅니다. 근데 양미간을 찌푸리는 것까지 흉내 내니 얼마나 더 밉게 보였겠습니까. 따라 할 것을 따라 해야지 아무리 예뻐 보인다고 안 좋은 것까지 따라 하는 저 무모한 판단은 어디에서 나오는 걸까요.

요즘 사람들이 유행 따라 우르르 몰려다니는 것을 보면 '서시빈목'의 어리석음이 떠오릅니다. 아파트가 좋다고 너도나도 아파트만 삽니다. 그것도 은행에 큰 빚을 지고 삽니다. 그래 놓고 집값 떨어지니 이자 갚기도 버겁고 그러다 결국 경매로 소중하게 쌓아놓은 재산 다 날리게 됩니다. 전 세계 60억의 사람들은 다 자기들만의 보폭이 있습니다. 좋아하는 것도 다르고, 살아가는 스타일도 다릅니다. 그렇기에 딱 하나의 라이프 스타일로 획일화해서는 안 됩니다. 그렇게 하면 당연히 부작용이 생기는 법입니다. 부럽지만 자기만의 스타일을 찾는 것이 중요합니다. 부럽다고 다 따라 했다가는 가랑이도 찢어지고 남들에게 손가락질도 당하게 됩니다. 어디선가 이런 글을 메모한 적이 있습니다. "남을 모방하려고 애쓰지 말라. 달라지려고 애쓰지 말고 하나님이 창조하신 그대로의 모습을 가지고 최선을 다해 살라." 남 따라 하다가는 자기를 망치기 쉽습니다.

인지이기 :
땅에서 넘어진 자,
땅을 딛고 일어서라

인지이기因地而起 :

땅에서 넘어진 자, 그 땅을 딛고 일어서라 | 보조국사 지눌

"

가을마다 열병을 앓았던 것 같습니다. 서울로 올라가려는 마음이 급해서 경력 기자 공채할 때마다 도전했지만 계속 떨어졌습니다. 그러나 좌절과 낙담의 시간은 그리 길지 않았습니다. 최선을 다한 것에 만족했고 사우나에 가서 흠뻑 땀을 빼면서 생각을 정리하고 아쉬움을 털어냈습니다. 곧바로 다시 새로운 꿈을 꾸기 시작했습니다. 땅에 넘어졌다고 땅을 탓하지 않았습니다. 서강대학교 영문과도 전주 한옥마을에 있던 상아탑 학원에서 1989년 1년 재수한 끝에 입학했습니다. 저는 학창 시절 단 한 번도 1등을 하지 못했지만 끊임없이 도전했습니다. 넘어진 그곳에서 새로운 꿈을 꾸었습니다. 방송 일을 하면서도 참 많은 고난과 역경이 있었던 것 같습니다. 그러나 그럴 때마다 주저앉지 않고 정면 돌파했던 기억이 납니다.

우리는 살면서 누구나 자신만의 고난과 역경을 마주합니다. 그러나 그 고난은 절대 남이 대신해 주지 않습니다. 자기 힘으로 역경과 싸우고 이겨내야 합니다. 산을 오르는 것도 자신의 두 다리로 오르는 것이지 남이 대신해 주지 않습니다. 누가 내 기쁨을 알고 대신 웃어주겠습니까? 누가 내 슬픔을 알고 대신 울어주겠습니까? 내 기쁨과 슬픔은 오로지 내 것인데... 내 인생은 오로지 내가 주인공인데... 요즘은 물질은 물론 정신까지 남의 기준에 맞춰 살아가는 노예 인생들이 참 많은 것 같습니다. "하늘은 스스로 돕는 자를 돕는다."라는 말은 명언 그 이상의 철학을 담고 있습니다. 누구에게 기대지 않고 스스로 살아가는 사람만이 자기 인생의 주인공입니다.

"인지이도자, 인지이기因地而倒者, 因地而起 – 땅에 넘어진 자, 그 땅을 딛고 일어서야 한다." 이 말은 고려시대 불교를 일으켜 세운 보조국사 지눌의 유명한 법어입니다. 지눌은 이 말과 함께 "이지구기 무유시처야離地救起 無有是處也"라는 말도 덧붙입니다. 땅을 딛고 사는 사람은 땅을 떠나서는 살 수 없다는 얘기입니다. 땅은 사람에게 아무 짓도 하지 않습니다. 넘어지는 것도 사람이고, 일어나는 것도 사람입니다. 땅에 의존하지 않고 남에 의존하지 않고 자기 힘으로 일어서야만 진짜 사람인 겁니다. 사람은 누구나 넘어집니다. 그러나 넘어지고 나서 자신의 힘으로 딛고 일어나는 게 중요합니다. 멘토 스님으로 유명한 법륜스님이 최근 이런 말씀을 하셨더군요. 저에게도 따갑게 다가와서 그 말씀을 옮겨 봅니다. "세 번 넘어졌든 열 번 넘어졌든 그 횟수는 중요하지 않습니다. 그냥 '넘어졌네. 그럼 일어나야지.'하고 간단히 생각해 버리세요. 일어나서 다시 앞으로 가다가 또 넘어지면 '또 넘어졌구나. 그럼 또 일어나야지.' 하고 생각하면 됩니다. 이렇게 하면 앞으로 나아갈 수 있습니다." 심플합니다. 넘어지면 그냥 일어나면 됩니다. 어떻게? 스스로의 힘으로! 그게 자신의 인생을 주인의식으로 살아가는 가장 기본적인 방법입니다.

연비어약:
네 멋대로 살아라

연비어약鳶飛魚躍 :
솔개가 하늘을 나는 것이나 물고기가 물 속에서 움직이는 것이나
다 자연법칙의 작용으로, 새나 물고기가 스스로 터득한다. | 시경

"

저는 '연비어약'처럼 살았습니다. 남 따라가지 않고 하고 싶은 대로 학창 시절을 보냈습니다. 고등학교 때는 음악에 푹 빠졌는데 3학년 2학기 중간고사 날에는 시험도 안 보고 합창대회에 나갔던 기억이 납니다. 성악가가 되고 싶었습니다. 그리고 그 꿈은 아직도 유효합니다. JTBC 아침뉴스 앵커를 할 때는 팬텀싱어에 도전하려고도 했습니다. 사실 그때의 시도는 제 꿈을 이루기 위해서가 아니라 제가 맡은 아침뉴스를 홍보하고 시청률을 높이려는 욕심 때문이었는데 결국 실현되지는 못했습니다. 오랜 시간 제멋, 제 꿈을 늘 가슴 속에 품고 살았고 그 방향으로 저를 끌고 갔던 것 같습니다.

'연비어약'은 우주법칙이자 자연법칙을 담은 네 글자입니다. 퇴계 이황이 깊게 파고들었던 상당히 심오한 철학적 키워드죠.

단순히 솔개와 물고기의 풍경만을 이야기하지 않습니다. 중용에서도 다루는 이야기인데 시경에서는 조금 더 깊이 있게 파고듭니다. '연비어약'에 관해 율곡 이이도 언급한 이야기가 있습니다. 어렵게 얘기할 것 없이 한마디로 요약하면 '연비어약'은 생명철학을 담은 네 글자입니다. 각각의 생명만큼 소중한 것이 어디 있습니까. 살아 있어야 무슨 일이라도 합니다. 살아 있어야 우주 법칙을 깨달을 수 있습니다. 솔개는 솔개대로, 물고기는 물고기대로 각자의 생명 영역이 있습니다. 그 영역은 서로 간섭할 수 없는 영역입니다. 그저 자연의 법칙에 따라 조화롭게 살아가면 됩니다. 사람도 마찬가지입니다. 아무리 부족한 사람이라도 자기만의 생명 영역이 있습니다. 하늘이 부여한 그 영역 안에서 모든 생명은 존중받아야 합니다. 그 누구도 남의 생명을 훼손하거나 빼앗을 권리는 없는 겁니다.

강이 흘러갑니다. 구불구불 자기 멋대로 흘러갑니다. 그런데 그 강에 인위적으로 손을 대면 그때부터는 자연이 아닙니다. 자연이라는 글자는 스스로 自와 그럴 然으로 구성되어 있습니다. 스스로 제 갈 길을 가는 것이 자연입니다. 거기에 간섭이 들어가면 자연은 다칩니다. 자연의 생명력이 훼손되는 겁니다. 과거 이명박 대통령이 추진한 4대강 사업의 가장 큰 폐해는 바로 생명 훼손입니다. '연비어약'의 질서를 깨는 것입니다.

'연비어약'은 리더십에도 적용됩니다. 특히 나라를 이끄는 지도자라면 이 네 글자를 깊이 있게 새겨야 할 겁니다. 국민 개개인이 창조의 생명력을 갖게 해주는 게 리더의 덕목입니다. 국민이 자기 자리에서 자기 몫을 다하고 자신만의 생명력을 마음껏 뽐내게 하는 게 진정한 리더십일 겁니다. 너는 너대로, 나는 나대로 각자의 독특한 장점을 살려서 극대화해 가는 게 필요합니다. 그것이 서로서로 더불어 잘 사는 길일 겁니다. 억누르고 억압하고 인위적으로 만들려고 하면 자연법칙도 어긋나고 민주주의도 성립되지 않습니다. 자율이 중요합니다. 각자가 알아서 생명력의 꽃을 피우는 자율. 거기에서부터 민주주의 꽃도 피어납니다. '연비어약', 나를 살리고 남을 살리는 중요한 우주 법칙임을 명심합시다.

눌언민행:
말을 못 하면
그냥 행동으로 보여줘

눌언민행訥言敏行 :
더듬는 말과 민첩敏捷한 행동行動이라는 뜻으로,
말하기는 쉬워도 행行하기는 어려우므로,
군자君子는 말은 둔하여도 행동行動은 민첩敏捷해야 함을 이름
| 논어

"

　　저는 생방송 인터뷰나 토론을 할 때 제 생각과 말을 앞세우지 않습니다. 인터뷰이나 토론자가 각자의 생각과 의견을 충분히 말할 수 있도록 판을 깔아줍니다. 시청자들이 듣고자 하는 내용이 무엇인지를 파악해 적재적소에서 질문을 던지는 정도에 그칩니다. 저는 말 한마디 한마디를 아주 무겁게 받아들입니다. 말의 무게를 늘 생각합니다. 그런데 많은 사람이 말하기를 너무 쉽게 생각하는 것 같습니다. 말의 무게가 가벼우면 실수가 나옵니다. 말을 앞세우면 행동이 더뎌집니다.

　　저는 0.2초 딜레이 방송을 하듯 말합니다. 할 말을 입으로 먼저 내뱉기 전에 0.2초간 한 번 더 생각합니다. 포장된 말로 세상을 현혹하는 게 아니라 제 생각을 올바르게 전달하는 게 중요하다고 생각하기 때문입니다. 어느 경쟁 프리젠테이션 현장. 작은 회사의 사장이 땀을 흘리며 무언가를 설명합니다. 사장은 프리젠테이션의 전문가가 아닙니다. 그래서 직원이 써준 원고를 읽지만 발음도 잘 안 되고 뭔가를 설명하는 것도 제대로 못 합니다. 하도 버벅거리니 듣는 사람도 불편해합니다. 그 사장은 이 상황이 무척이나 답답했던 모양입니다. 넥타이를 풀고 원고를 던져 버립니다. 그리고 담담하게 자기 목소리로 자기가 개발한 상품에 관한 이야기를 시작합니다. 사투리도 나오고, 거친 단어도 나옵니다. 하지만 설득력은 원고를 버벅거리며 읽을 때와는 천지 차이로 바뀝니다. 그 진심이 통했을까요. 그 작은 회사는 경쟁 PT에서 1등을 합니다.

세상에 말 잘하는 사람은 많습니다. 하지만 말을 잘한다고 설득력이 높은 건 아닙니다. 말보다는 행동, 말보다는 진심이 중요합니다. 말은 그저 포장지에 불과합니다. 내용을 전달하는 수단에 불과합니다. 내용을 어떻게 채우고, 그걸 어떻게 실천에 옮기느냐가 중요합니다. 앞의 일화와 같은 경쟁 PT에서 아나운서를 용병으로 써서 PT를 진행한 회사도 있습니다. 그러나 그 회사는 진정성도 부족하고, 실천 의지도 약해서 떨어지게 됩니다. 말의 믿음이 떨어지는 곳이 선거판입니다. 표를 얻기 위해 수많은 공약을 말하지만 확실하게 지킬 수 있는 약속은 별로 없습니다. 실천이 담보되지 않는 헛된 말들의 성찬만 난무합니다. 이래서 공자는 세상 사람들의 언행이 일치하지 않는 것을 보고 개탄했던 겁니다.

공자는 말하기를 실천할 수 없는 말은 아예 하지도 말고, 한다고 해도 최소화하라고 했습니다. 그래서 '위정(爲政)'편에서 "말하기 전에 행동하고, 행동하고 나서 말하라(先行其言而後從之)"라고 말씀합니다. '눌언민행'의 '민'이라는 글자는 여자가 머리에 손을 올려 비녀를 꼽는 장면을 형상화한 겁니다. 그 행동이 민첩해서 만든 글자일 겁니다. 말보다 행동이 앞서야 하는 순간이 있습니다. 조직 내에서도 먼저 솔선수범하는 사람들이 따로 있습니다. '눌언민행'은 실천적 인간형을 의미합니다. 형식보다는 내용을 중시합니다. 규범에 얽매이는 사람이 아니라 새로운 규범을 만드는 사람들입니다. 남의 방식에 따라가는 사람이 아니라 자기만의 방식으로 하나둘 세상을 변화시켜가는 사람들입니다.

발분망식:
몰입의 쾌감으로 지금을 살아라

발분망식發憤忘食:
무언가를 할 때 끼니마저 잊고 몰입한다는 의미. | 논어

"

　직장생활을 하다 보면 회식을 하거나 동료들과 저녁에 술 한 잔하기도 합니다. 그런데 저는 그 시간이 아깝다고 생각했습니다. 물론 교류와 어울림은 좋지만 저는 일에 더 미쳤던 것 같습니다. 다음 날 생방송을 보다 완벽하게 하기 위해 크로스 체크하고 더 연구하다 보면 새벽 2, 3시가 훌쩍 지나갑니다. 그때는 사실 시간 가는 줄도 모르고 일했습니다. 그리고 열심히 준비한 모든 것이 시청자들로부터 좋은 반응을 얻으면 그게 쾌감이고 보람이었습니다. 일에 몰입하고 집중하며 더 파고들고 연구했습니다. 그렇게 하다 보니 시간의 속삭임도 듣지 못하고 28년이 흘러갔습니다. 그때의 제 열정을 생각하면 참 신기할 정도입니다.

　새벽 2시 반에 일어나 아침뉴스가 끝나는 오전 8시 반까지 화장실 갈 시간도 없이 몰입하며 일했습니다. 스트레스 경직으로 인해 가끔 움직이기 힘들 정도로 허리가 아팠지만 신경 주사를 맞으면서 단 한 번도 뉴스를 빼먹지 않았습니다. 몸살감기에 걸려 지독하게 아플 때도, 어느 정도 목소리만 나오면 생방송을 강행했습니다. 저는 그렇게 해야 한다고 생각했습니다. 제가 휴가를 내고 아침 생방송 뉴스에 빠진 적은 단 한 번, 큰아들이 경남 진주에 있는 공군교육사령부에 입대하던 날이었습니다. 그때 빼고는 온전히 일에, 방송에 몰입했던 시간이었습니다. 에크하르트 툴레는 지금을 살라고 얘기합니다. 정말 행복해지고 싶다면 지금에 집중하라고 합니다. 지금에 집중하는 방법 중에 가장 좋은 것이 몰입입니다. 몰입은 과거와 미래에 대한 염려, 걱정을 벗어 던지고 오직 지금 현재, 눈앞에 있는 것에 집중하게 합니다. 너무 집중하다 보니 누가 옆에 왔다 갔는지도 모르고, 끼니를 걸렀는지도 모를 정도입니다. 그 몰입에 관해서 얘기하는 것이 바로 '발분망식'입니다.

우리는 참 산만한 세상에 살고 있습니다. 도시에 사는 사람들은 그 산만함이 더 합니다. 도저히 무언가에 집중할 수 없게 합니다. 1시간 동안 책을 읽을 집중력도 쉬운 게 아닙니다. 영화 한 편 보면서도 머릿속에 다른 생각 하는 사람이 많습니다. 뭐 걱정거리가 그리도 많은지 몸은 현재에 있지만 마음과 생각은 유체이탈을 해서 자기가 직접 해결할 수 없는 과거, 미래에 가 있습니다. 지금 이 책을 읽고 있는 당신도 아마 독서 중에 잡생각들의 방해를 몇 번 경험했을 수도 있습니다. 현재에 집중하지 못하는 그 산만함은 세상살이를 피곤하게 합니다. 무엇 하나 제대로 해결하지 못하는 아쉬움만 크게 남습니다. 시간만 까먹고 결과는 형편없게 됩니다. 이렇게 산만하고 부실한 인생살이가 지금 현대인만의 현상은 아니었나 봅니다. 공자가 살던 시대에도 마찬가지로 현재에 집중하지 못하고 근심, 걱정에 사로잡혀 눈앞의 일을 잘 처리하지 못한 사람들이 많았던 모양입니다. 그랬기에 '발분망식'이라는 말로 몰입을 강조했겠지요. 방송을 했던 저도 이 몰입의 순간이 없었다면 참 많은 실수를 했을 겁니다. 몰입했기 때문에 수많은 생방송도 실수 없이 잘 마칠 수 있었습니다.

의행무명 :
애매한 행동은
스스로를 망치는 길

의행무명疑行無名 :
의심스럽게 행동하면 명성을 얻을 수 없다. | 사기

"

저는 일을 하려고 하면 확실하게 하는 사람입니다. 김장 담그기나 연탄 배달 봉사와 같은 지역 행사도 무조건 일찍 가서 최선을 다합니다. 중간에 슬쩍 시늉만 한다거나 사진 찍기를 위한 쇼는 절대 하지 않습니다. 저는 어차피 할 일이라면 최선을 다하자는 생각입니다. 지난 28년간 방송도 그렇게 했습니다. '의행무명' 처럼 애매한 생각, 애매한 행동은 자신의 앞길을 막을 뿐입니다.

탈무드에서는 애매한 친구는 분명한 적보다 못하다고 했습니다. 가장 대하기 힘든 사람들을 그런 사람들이라고 했습니다. 애매한 사람들은 겉보기에는 크게 거슬리지 않고 그냥그냥 친구처럼 지낼 수 있습니다. 그런데 왠지 깊은 얘기는 쉽게 꺼낼 수가 없습니다. 믿음이 안 가고 뒤통수를 치거나 배신할 것 같습니다. 이건 적도 아니고 친구도 아니어서 사람을 더 헷갈리게 합니다.

그래서 탈무드는 이런 사람들을 가장 조심하라고 했습니다.

　주변에 보면 이런 사람 의외로 많습니다. 이 사람, 저 사람에게 좋은 소리를 듣고 싶어서 그런 행동을 하는 것 같습니다. 그러나 그런 애매한 사람들은 여기저기에서도 환영받지 못합니다. 앵커도 하고, 특파원도 하면서 저도 참 애매한 인연들을 많이 만났습니다. 그 인연들을 대할 때는 왠지 마음이 편치 않습니다. 솔직하기도 쉽지 않고 감추기도 쉽지 않습니다. '의행무명'은 사기에 나오는 말입니다. 사기에는 진시황에 관한 이야기가 나옵니다. 진시황 밑에는 상앙이라는 특출난 재상이 있었습니다. 그는 왕이 개혁을 추진할 때 이런 조언을 합니다. "강국이 되기를 원한다면 선례에 사로잡히지 말고 관습에 구애받지 말아야 하며, 대담하게 개혁을 추진해 나가야 합니다."

　면밀한 조사와 충분한 준비가 있다면 그 어떤 일도 대담하게 추진할 수 있습니다. 애매하다는 건 확신이 없다는 얘기입니다. 의행이라고 하는 건 준비가 덜 되었다는 얘기입니다. 확신이 없고 준비가 덜 된 사람들은 애매할 수밖에 없습니다. 그렇기에 자기 주관은 없고 남의 의견에 끌려다닙니다. '의행무명', 애매한 태도는 스스로를 망치는 지름길입니다. 선이 굵게 삽시다. 자신의 주관을 분명하게 밝히며 삽시다. 그래야 당신을 좋아하는 사람도, 당신을 싫어하는 사람도 확실하게 파악될 수 있으니까요. 저는 취향이 비슷한 사람들과 함께 어울리며 사는 것이 꿈입니다. 그러려면 제 주변에 취향이 애매한 사람이 있으면 헷갈립니다. 부디 자신의 색깔은 분명하게 드러내시기를….

습여성성:
습관의 힘을 무시하지 마라

습여성성習與性成 :
습관은 성품을 이룬다. | 서경

"

이 사자성어를 보면서 저의 생활 습관을 돌아봤습니다. 저는 술 담배도 안 하고 고등학교 졸업하고 재수할 때까지 오락실도 한 번 안 가봤습니다. 대학 들어가서 테트리스를 한 게 전부입니다. 친구들이 당구장에 갈 때도 같이 따라가지 않았습니다. 저는 잡기에는 약했던 것 같습니다. 취미이자 습관은 음악을 듣는 것입니다. 재수 시절 전주 홍지서림 옆에 있던 클래식 음악감상실 필하모니에서 음악을 들으며 미래에 대한 불안과 스트레스를 풀었습니다. 엘가의 '위풍당당 행진곡', 베토벤의 '운명교향곡' 등을 자주 신청해서 들었던 기억이 지금도 생생합니다. 지치고 힘든 일이 있으면 사우나에 가거나 독서로 새로운 활력을 찾기도 합니다.

노래 부르는 것도 좋아합니다. 고등학생 때 단독주택에 살았는데 정원에서 가곡 '보리밭' '남촌' '그리운 금강산'과 '오솔레미오' 등의 노래를 목청껏 불렀습니다. 그런데 당시 한 동네 살던 여학생이 20년쯤 지난 어느 날 우연히 만난 자리에서, 제가 노래를 부르던 걸 기억한다고 말했을 때 창피하다는 생각이 좀 들더군요. 저는 감성 충만한 상태에서 노래를 불렀지만 이웃들은 '엄청 시끄럽다'라고 짜증 내지 않았을까 뒤늦게 후회했습니다. 어릴 적 그 취미와 습관은 20대, 30대가 되어도 생활과 생각을 지배합니다.

'습여성성'은 우리에게 자리 잡은 습관을 이야기합니다. 습관은 웬만하면 고치기 힘듭니다. 어릴 때 잘못 들인 버릇은 정말로 평생 갑니다. 세 살 버릇 여든까지 가는 건 겪어본 사람들의 진지한 충고였습니다. 좋은 습관보다 나쁜 습관들은 고치기도 힘들고 오래갑니다. 그래서 처음부터 습관이 들기 전에 싹을 잘라내야 합니다. 처음 잘못 들인 버릇은 어른이 되어도 고치기가 힘듭니다. '습여성성'을 생각하다 보니 묵재 이문건(1494-1567)의 '회초리를 들고 나서'가 눈에 들어옵니다. 그 내용을 한번 옮겨 보겠습니다. "아이에게 매를 든 건 내가 못되어서가 아니라오. 그저 녀석의 나쁜 습관을 바로잡기 위함일 뿐. 아이의 잘못된 버릇을 그대로 방치한다면 점점 굳어져서 마침내는 고치기 어려우리. 그러니 나쁜 버릇이 막 생겨나려고 할 즈음에 바로 야단쳐서 바로잡아야 하지 않겠는가. 오늘 내가 화를 내며 회초리를 드는 것은 아이를 꾸짖어 절제시키려 함이네. 만약 아이가 불쌍하다고 오냐오냐 봐주기 시작하면 사사건건 비위를 맞춰야 하는 낭패를 보게 될 걸세." '습여성성'의 예를 그대로 보여주는 글입니다. 그저 엄하게만 키우라는 게 아닙니다. 체벌을 정당화하려는 것도 결코 아닙니다. 잘못된 건 바로잡아 주라는 게 '습여성성'입니다. 바로잡아야 할 때 바로잡지 않으면 커가면서 곤란한 상황을 맞게 됩니다.

요즘 아이들에게 가장 안 좋은 습관은 스마트폰과 게임 중독입니다. 아이들이 친구들과 대화도 안 하고 스마트폰에만 빠져삽니다. 그냥 입으로 떠들며 대화하면 될 텐데 카카오톡으로 그룹 대화를 합니다. 거기서 또 이상한 언어습관을 갖게 됩니다. 한 개의 안 좋은 습관이 또 다른 여러 개의 나쁜 습관들을 부르는 겁니다. 게임도 마찬가지입니다. 게임에 중독된 아이들은 현실과 게임을 잘 구별하지 못하기도 합니다. 나쁜 습관들은 좋은 습관들로 몰아내는 게 좋습니다. 책을 읽거나, 그림을 그리거나 음악을 듣는 습관은 자신의 마음속에 평화를 부르는 좋은 습관입니다. 습관은 처음 시작이 중요합니다. 나쁜 습관은 익숙해지기 전에 단호하게 잘라야 하며 좋은 습관은 큰 욕심 안 부리고 아주 작은 것에서부터 시작해야 합니다.

영웅선읍:
울고 싶을 때 울어야
진짜 영웅이다

영웅선읍英雄善泣 :

영웅은 제때 울 줄 안다. | 열하일기

"

남자는 평생 세 번 울어야 한다? 말도 안 되는 소리입니다. 이 말을 퍼트린 사람을 불러와서 청문회라도 개최하고 싶습니다. 자기도 그렇게 못하면서 세상 사람들에게 횟수까지 정해놓고 울음을 참으라는 건 악마의 속삭임 같습니다. 저는 나이가 들수록 울음이 많아지는 것을 느낍니다. 영화를 보면서도 울고, 책을 보면서도 코끝이 찡해 옴을 느낍니다. 세상 가슴 아픈 이야기들에 즉각적인 반응을 하는 걸 보니 감정이 너무 여려진 것은 아닌가 우려스럽기까지 합니다. 하지만 다른 앵글로 보면 그만큼 제 감정에 솔직하고 건강하다는 얘기입니다. 저는 남자가 울음을 참아야 한다는 사회적 편견을 빨리 없앴으면 좋겠습니다. 오히려 여러 사람 앞에서도 당당히 우는 남자들이 더 멋있고 그런 남자들이 좀 많아졌으면 합니다.

사실 저는 어지간하면 잘 울지 않습니다. 슬프거나 힘든 일이 있을 때는 사우나에서 눈물 대신 땀을 흘리며 자신을 다독였던 것 같습니다. 많은 사람이 있던 곳에서 눈물을 흘린 기억은 단 한 차례, 2005년 국내에서 개봉한 일본 영화 〈지금 만나러 갑니다〉를 세 살짜리 둘째 아들과 같이 볼 때뿐이었습니다. 물론 캄캄한 극장이었기에 아들과 다른 관객들은 제 눈물을 보지 못했겠죠. 그런데 저는 그 눈물과 울음이 자연스럽고 좋습니다. 감정에 솔직해서 흘리는 남자의 눈물, 얼마나 멋있습니까.

연암 박지원은 〈열하일기〉에서 목 놓아 실컷 울고 싶은 장소를 강력하게 추천합니다. 박지원이 청나라 건륭제의 칠순 잔치에 참석하는 사절단을 따라 압록강을 건너 청나라로 들어갈 때 만주벌판을 처음 보았나 봅니다. 그 광활한 풍경에 감격하며 박지원은 이렇게 얘기합니다. "아…. 참으로 울기 좋은 장소로다! 한 번 이곳에서 실컷 울어보고 싶구나!" 울기 좋은 장소, 호곡장이라는 단어는 이 순간에 탄생한 겁니다. 울기 좋은 장소, 현대인은 그리 많지 않습니다. 특히 남자는 더 그렇습니다. 직장에서 울겠습니까. 아니면 길거리에서 울겠습니까. 집에서 울면 애들 보기 민망합니다. 그래서 소심하고 쪼잔하게 포장마차에서 소주와 오뎅의 위로를 받으면서 3류 드라마처럼 우는 남자들 꽤 있는 것 같습니다. 우리, 그렇게 우는 것에 움츠러들지 맙시다. 남자는 사람 아닙니까. 사람답게 감정에 충실하고 그 감정에 따라 우는 사람이 진정한 영웅입니다. '영웅선읍', 영웅은 분명 울 때 우는 사람입니다. 울 때 참으면 위선이고, 자기기만이고 약자입니다. 강자는 자기감정에 솔직하다는 걸 명심하십시오.

석과불식:
절망의 끝에 희망의
씨앗을 심는다

석과불식碩果不食:
큰 과실은 다 먹지 않고 남긴다는 의미로,
자기만의 욕심을 버리고 자손에게 복을 준다는 뜻. | 주역

"

제 정치 멘토인 친한 선배의 아버님이 세상을 떠나셨습니다. 아버님은 돌아가시기 직전, 혼수상태에서 잠깐 의식을 되찾으셨을 때 제 얘기를 하셨다고 합니다. "네가 도와주는 앵커 이름이 뭐라고?" "이정헌입니다" "한자 이름은 어떻게 되냐?" "정치할 정에 법 헌을 씁니다" "오, 그래. 이름 좋구나. 잘 되겠다. 선거사무소는 준비했어?" 저는 이 말씀을 전해 듣고 울컥해지고 먹먹했습니다. TV 뉴스에서만 보셨을 뿐 생전 저를 만나신 적 없던 어르신이 이 세상과 작별하기 직전에 저를 걱정하신 겁니다. 멀고 험한 정치의 길을 걷고 있지만 결코 혼자가 아니라는 확신이 들었습니다. 동시에 어깨가 무거워지고 무한 책임감도 느껴지며 눈물이 흘렀습니다. 저도 누군가에게 힘이 되고 꿈이 되어줄 수 있는 사람으로 꼭 성장해야겠다고 다짐했습니다. 이런 분들 때문에라도 더 잘해야겠다, 바른 정치를 해야겠다고 생각했습니다. 절망의 끝에서 희망의 씨앗을 본 것입니다.

'석과불식'은 마지막 잎새의 희망을 노래합니다. 감나무에 걸린 마지막 감의 희망을 이야기합니다. 이 네 글자는 중국철학서인 주역에 나오는 말로 씨 과실은 먹지 않는다는 의미로 읽히기도 합니다. 절망의 끝에 희망의 씨앗은 남겨둔다는 얘기입니다. 혼자 독식하는 사회가 아닌 더불어 사는 사회를 권합니다. 지금 세대의 절망 끝에 다음 세대를 위한 희망의 씨앗을 심습니다. 스피노자처럼 내일 지구가 멸망해도 한 그루의 사과나무를 심는 정신이 바로 '석과불식'의 정신입니다. 혹한의 추위 속에 철탑에 올라간 사람들이 있습니다. 그들은 분명 자기 혼자 잘 살자고 거기에 올라가지는 않았을 겁니다. 그들은 큰 걸 요구하지도 않습니다. 소박하고 평범하게 살고 싶은 꿈을 이루게 해달라고 외칩니다. 그런데 힘 있는 자들은 그 작은 걸 들어주지 않습니다. 철탑에 올라간 그들이 우리에게는 희망의 씨앗입니다. 그들로 인해 여러 사람이 새로운 세상, 새로운 변화를 꿈꿉니다. 그들은 감나무에 마지막으로 걸려있는 감과 같은 존재들입니다.

주역에 보면 64괘 중에 가장 힘든 상황을 말하는 박괘라는 것이 있습니다. 박괘는 다 빼앗기고 단 하나만 남은 절박한 위기입니다. 단 하나만 남은 그 상황…. 그게 '석과불식'의 희망입니다. 그 마지막 희망의 동아줄이 전화위복을 만듭니다. 어둠이 깊을수록 새벽이 가까워졌다는 걸 의미합니다. 동토의 땅으로 쫓겨난 사람들이 있습니다. 민족의 힘은 약해졌고 나라마저 잃은 절박한 상황. 그들은 동토의 그 땅에서도 희망의 씨앗을 심습니다. 얼어붙은 땅에 곡괭이질을 하고 농사를 짓는 그 악착같은 생명력들. 그들이 바로 우리 한민족의 조상들입니다. 우린 그들의 유전자를 함께 이어받았습니다. 어떤 절망의 상황에서도 우린 희망을 잃지 않았습니다. 다음 세대를 위한 희망, 그게 '석과불식'의 정신입니다. 다산 정약용 선생은 이담속찬耳談續纂이라는 속담집에서 이런 말을 합니다. "농부는 굶어 죽더라도 종자는 머리에 베고 죽는다.(農夫餓死 枕厥種子)" 아무리 배가 고파도 묘판에 뿌릴 종자까지는 안 먹는다는 겁니다. 그것마저 먹어 치운다면 가족들 모두가 굶어 죽습니다. 감나무 꼭대기에 걸린 까치밥, 그 속에 담긴 씨앗은 땅속으로 들어가 새봄, 새로운 희망이 됩니다. 맨 꼭대기에서 밑바닥으로, 다시 맨 꼭대기의 풍성한 열매로. 이게 인생의 흐름 아닐까요.

수원막결:
주변에 적을 만들지 말라

수원막결讐怨莫結 :

원수와 원망을 맺지 마라. | 명심보감

"

저는 기자, 앵커 생활을 하면서 경쟁자를 단 한 번도 적으로 간주하지 않았습니다. 언젠가는 또 다른 도전을 위해 제 스스로 떠날 것이라고 마음먹었기 때문입니다. 후배들의 앞길을 막는 선배가 아니라 길을 터주는 사람이 되리라는 생각을 하고 있었기 때문에 경쟁자를 크게 의식하지 않았던 겁니다. 선거도 마찬가지입니다. 공천 경쟁을 뚫어야 하고, 본선에서도 피 튀기는 경쟁을 치러야 하지만 저는 그 승부의 상대편을 적으로 생각하지 않습니다. 이겨도 협력할 것이고 져도 협력할 것이기 때문입니다. 무엇이 되느냐가 중요한 것이 아니라 무엇을 하는가가 중요하고, 그 무엇을 하기 위해 무엇이 되려는 가를 생각해야 합니다.

제가 싫어하는 사람은 기본적으로 예의가 없는 사람입니다. 반드시 갖춰야 할 품성은 존중과 배려라고 생각합니다. 싫은 사람이 있을 수 있지만 예의를 갖추고 상대를 배려하며 저 사람도 그럴 수밖에 없는 이유가 있을 것이라 생각합니다. 〈아버지의 해방일지〉라는 책에서 주인공의 아버지가 남을 자주 도와주는 태도도 '오죽하면 그 사람이 나에게 도움을 청할까'였습니다. 우리는 어차피 함께 살아야 합니다. 그렇다면 서로를 지나치게 미워할 필요가 없습니다. 적을 많이 만들어서 제 앞길이 탄탄할 수 없습니다. 서로 타협하고 함께 살아가는 것이 정치고 우리의 삶입니다. 상대를 인정하지 않으면 자신도 인정받기 힘듭니다.

명심보감에서는 이렇게 얘기합니다. "은혜와 의리를 넓게 베풀어라. 인생이란 어느 곳에서 살든 서로 만나게 마련이다. 원수와 원망을 맺지 말라. 길 좁은 곳에서 만나면 피하기 어렵다." 싫어하는 사람과 잘 지내는 것, 절대 쉽지 않습니다. 그러나 그렇게 싫어하는 사람과도 부딪히면서 더불어 살아가야 하는 게 인생입니다. 융통성이 있어야 합니다. 사고가 유연해야 합니다. 사람을 대하는 자세가 신축적이어야 합니다. 그래야 상대를 적으로 만들지 않고도 나만의 스타일을 유지하며 살 수 있습니다.

사무엘 골드만은 이런 얘기를 합니다. "인생의 기술 중 90%는 내가 싫어하는 사람과 잘 지내는 방법에 관한 것이다." 공감합니다. 주변에 인간관계 때문에 스트레스 받는 사람들 의외로 많습니다. 제가 생각하기에는 그 스트레스 지수를 조금 낮추려면 상대에 대한 기대치를 조금 낮추는 게 좋습니다. 기대치가 높으면 실망도 크고, 그 실망이 자기와 맞지 않는 사람이라는 인식으로 확대되어서 상대를 적으로 인식하게 됩니다. 상대도 마찬가지로 자신을 적으로 생각하겠죠. 산이 높으면 골이 깊은 법입니다. 산을 낮추면 골도 얕아집니다. 기대치를 낮추면 실망도 줄어듭니다. 실망을 덜 하게 되면 그 사람이 적이 될 수가 없습니다. 그렇게 나랑 맞지 않는 사람과 잘 맞춰가는 게 우리네 인생입니다.

줄탁동기 :
스승은 제자를 통해 성장한다

줄탁동기啐啄同機 :
병아리가 알에서 나오기 위해서는
새끼와 어미 닭이 안팎에서 서로 쪼아야 한다는 뜻 | 벽암록

"

저는 훌륭한 선생님들을 보면 자기 삶의 모든 것을 주면서 제자들을 키우는 그 모습에 감동을 받습니다. 제자가 성공한다고 자기가 영예를 누리는 게 아닌데 한 사람의 인생을 송두리째 바꿀 정도의 선한 영향력을 미칩니다. 서강대학교 후배 기자가 생각납니다. 중앙일보, JTBC를 거쳐 SBS 기자가 된 가슴 따뜻하고 유능한 후배입니다. 제가 2012년 〈방송기자의 모든 것〉이라는 책을 JTBC 선후배와 함께 낸 적이 있는데 그 책을 보고 저를 찾아왔습니다. 당시 대학생이던 후배에게 국가와 역사 발전에 동참하며 시대적 소명을 다해야 하는 기자에 대해 이야기해주고 격려해주었습니다. 그 후배는 몇 년 후 중앙일보, JTBC 기자로 당당하게 입사했습니다. 멋지게 성장해 가는 모습을 보면 후배들의 멘토가 되고 그들의 삶에 긍정적인 영향을 주는 것이 얼마나 보람된 일인지 새삼 깨닫게 됩니다.

제·인생을 돌아보면 정말 결정적인 순간에 하나님이 누군가를 보내줍니다. 저는 그 사람을 통해 알을 깨고 세상을 향해 나갈 힘을 얻습니다. 내 뜻대로 내 마음대로 되는 게 아닌 것이 세상일인데 그 한계를 하나님이 귀한 조력자를 통해 열어주시고 힘을 주십니다. 제가 이 책을 쓰는 것도 저의 작은 깨달음이 누군가에게 힘이 되기를 원하는 소박한 바람 때문입니다. 세상에 태어나 한 사람의 인생에 긍정적인 영향을 주는 것만큼 보람된 일이 어디 있겠습니까? 저는 '줄탁동기'가 올바른 교육을 이야기하는 사자성어이기도 하지만 정치라고도 생각합니다. 정치는 끊임없이 서로를 끌어주고 밀어주는 것이기 때문입니다. 전주에는 저를 큰 사람으로 만들어 준 스승이 많습니다. 방송계에도 정치권에도 제가 생각하지 못한 스승이 나타나 저를 깨우고 키웁니다.

'줄탁동기'는 깨우침과 관련된 사자성어입니다. 병아리는 알 속에서 연약한 부리로 껍질 안쪽을 쪼아 세상 밖으로 나오려고 합니다. 이것을 '줄'이라고 합니다. 어미 닭은 알을 품고 있다가 병아리가 부리로 쪼는 소리를 듣고 알을 쪼아 새끼가 세상 밖으로 나오도록 돕습니다. 이것을 '탁'이라고 합니다. 그런데 이 줄과 탁은 균형이 상당히 중요합니다. 서로 동시에 행위가 이뤄져야 하며 힘의 균형도 맞춰야 합니다. 그게 갖춰지지 않으면 병아리는 새로운 세상을 만나지 못하고 죽게 됩니다. 어미와 새끼 사이의 이 놀라운 힘의 균형은 참 신비롭기까지 합니다.

　스승과 제자 사이를 우리는 이 '줄탁동기'로 해석할 수 있습니다. 스승의 힘이 너무 강하면 제자가 자기 능력을 세상에 펼칠 기회조차 얻지 못합니다. 반면 제자의 기가 너무 세면 스승으로서 제자를 제대로 이끌어 주기도 힘듭니다. 이렇듯 힘의 균형이 잘 이뤄져야 올바른 스승, 좋은 제자가 될 수 있습니다. 그 힘의 균형은 서로 간의 소통으로 완성될 수 있습니다. 소통하려 들지 않는 스승, 들으려 하지 않는 제자는 균형을 맞출 수 없습니다. 저는 누군가를 가르칠 때 종종 드는 생각이 가르치면서 저도 함께 성장한다는 겁니다. 제가 무언가를 가르치려 할 때 저 자신도 어느 정도 성장이 되어야 가르칠 수 있습니다. 이 때문에 가르침을 받는 상대가 오히려 저를 가르치는 스승이 되기도 합니다. 자신이 어느 자리에 있느냐가 중요한 것이 아닙니다. 소통과 배려를 통해 깨달음의 세계로 유도하는 것이 진정한 가르침이고 배움이 아닐까 생각해 봅니다.

불인지심:
남의 불행을 외면하지 말라

불인지심不忍之心 :
남의 불행을 차마 눈 뜨고 보지 못하는 마음 | 맹자

"

저는 남의 불행이 그저 남의 불행만으로 끝나서는 안 된다고
생각합니다. 우리 사회는 나만 행복하고 잘 살면 그만인 곳이 아
닙니다. 남의 불행을 외면해서는 안 됩니다. 다른 사람을 행복하
게 하는 것은 곧 나를 위하는 것이고 내 아이를 위하는 것이고
우리 사회, 우리나라를 위하는 것입니다. 저는 초등학교 시절에
가난한 사람들을 보면 우리 전 국민의 절반이 나머지 절반의 손
을 잡아 주면 모두가 행복해지지 않을까 생각했습니다. 조금 순
진한 생각이었지만 더불어 사는 사회를 꿈꾸는 제 마음과 여전
히 한 몸으로 붙어 있는 생각입니다. 우리 삶에서 가장 중요한 것
은 공감 능력입니다. 남의 아픔을 함께 느낄 수 있어야 합니다.

'불인지심', 저는 이 네 글자를 사회적인 네 글자라고 얘기하고
싶습니다. 우리 사회는 가슴 아픈 일이 참 많습니다. 뉴스를 보다

가 혹은 뉴스를 보도하다가 눈물이 나올 때도 있습니다. 세월호를 보도하다가 울었고, 이태원 참사를 뉴스로 보면서 가슴이 먹먹했습니다. 학대당하거나 굶어 죽은 아이들 얘기를 들으면 가슴이 찢어집니다. 제가 정치인으로서 꼭 하고 싶은 일은 세상의 그런 가슴 아픈 일들을 조금이라도 줄이는 겁니다. 불인지심은 맹자에 나온 말입니다. 맹자가 제齊나라에 머물렀을 때 혹독한 정치를 펼치는 군주들에게 각성하라는 뜻으로 이 얘기를 했다고 합니다. 〈공손추 편〉에 이런 글이 실렸습니다. "선왕이 차마 지나치지 못하는 마음이 있으니 이에 차마 그냥 못 본 척할 수 없는 정사가 있다. 사람에게 차마 지나치지 못하는 마음으로 그냥 못 본 척 할 수 없는 정사를 행하면 천하를 다스리는 것은 손바닥에서 움직이는 것과 같을 것이다. (先王 有不忍人之心 斯有不忍人之政矣 以不忍人之心 行不忍人之政 治天下 可運之掌上)" 맹자는 비슷한 말로 측은지심을 이야기하기도 했습니다. 측은지심은 사실 불인지심보다 더 많이 알려진 말입니다.

저는 최근의 절망적인 한국 사회를 바라보면서 불인지심이 우리에게 더 많이 필요하겠다는 생각이 들었습니다. 2012년 대통령 선거 당시 문재인 후보의 찬조연설자로 나선 정혜신 박사의 말을 듣고 저는 눈시울이 붉어졌습니다. 약자의 고통에 귀 기울이지 않는 우리 사회를 비판하면서 억울하고 고립된 그들을 안아주자고 얘기합니다. 전국에 와락 센터를 건립해 그렇게 사회적으로 아프고 낙오된 사람들을 보듬어주자고 말합니다. 제 폐부를 찌르더군요. 정 박사는 얘기합니다. 공감은 산소이고 공감은 소통이라고. 사회의 아픔을 치유하는 건 같이 공감하는 것이 시작이며 그 공감이 사람 목숨을 살린다고. 한때 우리나라는 불통의 시대였습니다. 언론도 막혔고, 권력도 막혔습니다. 시민들은 더 아파했지만 그 목소리는 세상 밖으로 들리지 않았습니다. 왜 이렇게 막힌 사회가 되었을까요. 저는 변산공동체마을 원장이신 윤구병 선생님의 가르침을 또렷이 기억합니다. 우리가 아이들에게 가르쳐야 할 것은 스스로 살기와 더불어 살기라고. 더불어 살려면 남의 아픔을 같이 느껴야 합니다. 남의 일이라고 외면해서는 안 됩니다. 내가 남의 고통에 귀 기울이지 않을 때 남들도 결국 나의 아픔과 고통을 외면하게 됩니다. 넘어진 자는 손을 잡고 일으켜 세우고 속상한 일이 있는 사람은 그 억울한 사정을 들어주어야 합니다. 그런 나라가 '불인지심'의 가치관을 지닌 건강한 사회입니다.

자타불이 :
내 속에 네가 있고
네 속에 내가 있다

자타불이自他不二 :
너와 나는 둘이 아니고 하나다. | 불경

"

내가 좋아하는 건 다른 사람도 좋아합니다. 내가 싫어하는 건 마찬가지로 남들도 싫어합니다. 그래서 자기가 싫어하는 걸 남에게 강요하면 안 되는 겁니다. 그것을 양심률이라고 합니다. 내 몸이 소중하고 내 가족이 소중한 만큼 다른 사람의 생명과 평화도 소중한 겁니다. 남들의 생명과 평화를 해칠 권리가 우리에게는 없습니다. 더불어 살려면 나를 배려하고 존중하는 만큼 남도 배려하고 존중해야 합니다. 이 '자타불이'의 정신은 상대방의 아픔을 같이 느끼는 공감의 정신도 포함됩니다.

사람들에게는 자기도 모르는 사이에 다른 사람의 유전자들이 스며든다고 합니다. 자신의 몸속에 이미 조상의 유전자가 자라고 있어서 어디서 많이 본 듯한 데자뷰 현상 같은 것도 사실 내 몸속에 있는 조상님의 유전자 때문일지도 모르는 거죠. 물고기를 좋아하는 사람은 물고기 유전자가, 개를 좋아하는 사람은 개 유전자가, 고양이를 좋아하는 사람은 고양이 유전자가 있을지도 모릅니다. 유전자라는 단어는 왠지 과학용어라서 기피했는데 이런 식으로 사람의 삶 속에 파고드니 흥미롭지 않습니까. 그 유전자를 통해 내 속에 있는 너, 네 속에 있는 나를 발견할 수 있습니다. 무언가 비슷한 유전자를 가지고 있기에 너와 내가 공감하고 공명하는 것입니다. 우리는 자신보다 더 훌륭한 유전자를 가진 사람을 따라 하면서 그 사람과 비슷해지려 합니다. 남의 유전자를 흡수하면서 똑같은 스타일의 사람이 되려고 합니다. 너무 흉내만 내려고 하면 문제지만 남의 유전자가 내 안으로 들어와서 독특한 스타일로 변화된다면 그 또한 좋지 않겠습니까. 좋은 걸 따라 하려는 것, 거기에서 남과 비슷한 내 유전자를 발견합니다.

'자타불이', '자타여일'은 불교에서 내려온 뿌리 깊은 사상입니다. 너와 내가 하나라는 생각은 남을 나처럼 대우하고 존중하라는 얘기입니다. 남에게서 자기를 발견하라는 겁니다. 다른 사람으로부터 나에게 흘러 들어온 유전자를 발견하라는 거죠. 다르면서 다르지 않고, 둘이면서 둘이 아닌 것, 그것이 '자타불이'고 '자타여일'입니다. 네가 나라고 생각하면 다툼도 적어질 겁니다. 네 속에 나와 비슷한 무엇을 발견하면 공감의 폭의 커질 겁니다. 너와 내가 다르다는 배척의 사상이 아니라 너와 내가 하나라는 공유, 공감의 사상이 필요합니다. 지금처럼 적대적인 사회에서는 그런 공감대를 부르는 사상이 절대적입니다. '자타불이'는 적대적이고 공격적인 요즘 세상을 위한 네 글자입니다.

2장

시 한 구절의 힘

어느 날 시를 읽다가 뒤통수를 한 대 맞았는데 머리에서 분수가
솟는 기분이 들었습니다. 비록 멋진 시를 쓸 줄은 모르지만 시 한 구절이
우울하고 처진 마음을 한순간에 바꿀 수 있다는 걸 알았습니다.
가끔 내 말을 폼 나게 하기 위해 시의 힘을 빌린 적도 있습니다.
시는 내 말이 어두운 밤길을 휘청거리지 않고 잘 걸어가게 하는
등불 같은 존재입니다.

왜 나는 조그마한 일에만
분개하는가

김수영 〈어느 날 고궁을 나오면서〉

왜 나는 조그마한 일에만 분개하는가
저 왕궁 대신에 왕궁의 음탕 대신에
오십 원짜리 갈비가 기름 덩어리만 나왔다고 분개하고
옹졸하게 분개하고 설렁탕집 돼지 같은 주인 년한테 욕을 하고
옹졸하게 욕을 하고

한번 정정당당하게
붙잡혀간 소설가를 위해서
언론의 자유를 요구하고 월남 파병에 반대하는
자유를 이행하지 못하고
20원을 받으러 세번씩 네번씩
찾아오는 야경꾼들만 증오하고 있는가

(이하 중략)

"

사실 저도 언젠가 아무것도 아닌 일에 분노한 적이 있습니다. 정작 중요한 일에는 분노하지 않고 작고 사소한 일에 제 감정을 소비했습니다. 김수영 시인의 이 시를 보니 그때의 보잘것없는 내가 다시 보입니다. 후배의 행동 하나가 눈에 거슬립니다. 그런데 행위에만 국한하면 되는데 그 뒤의 의심스러운 일들이 줄줄이 연결되니 스멀스멀 분노의 감정이 올라옵니다. 당연히 눈이 매서워지겠죠. 사람이 누군가를 곱게 안 보면 눈이 작아집니다. 그런데 눈만 작아지는 게 아니라 마음마저 작아집니다. 옹졸한 사람이 되는 거죠. 우리는 가끔 100원, 200원 가지고 싸울 때도 있습니다. 지하철 빈자리를 차지하려는 싸움은 또 얼마나 치졸한가요?

저는 방송을 하는 사람이고 뉴스 보도를 많이 했기 때문에 별별 뉴스를 다 접합니다. 그런데 어떤 뉴스를 보면 말도 안 되는 얘기에 화가 치밀어 오를 때가 있습니다. 누구에게는 사소한 일이겠지만 제 마음에는 파도가 칩니다. 그럴 때 이 유명한 시인도 그랬구나 싶은 마음이 들면 동료 의식에 조금은 마음이 가라앉습니다. 살다 보면 별거 아닌 일에 화가 날 때가 있습니다. 그러나 분노조절 장애까지는 가지 말아야겠죠. 화를 잘 내는 사람은 그릇도 작아 보입니다. 감정이 자기 그릇에 다 담기지 못해서 넘치는 겁니다.

시인은 어느 날 거대한 왕궁 근처를 거닙니다. 왕궁에서는 절대 권력의 부패한 냄새가 진동할 겁니다. 이 냄새는 물리적인 냄새가 아니라 정서적인 냄새입니다. 부패한 권력에 화를 내야 함에도 정작 자신은 왕궁의 엄청난 크기에 압도당해 애먼 고깃집 아줌마에게 화를 내는 옹졸한 사람이 됩니다. 그런 자기 모습에 더 화가 나서 이 시가 튀어나왔을 것 같습니다. 〈분노하라〉라는 책에서는 세상의 불의에 제대로 분노하라고 합니다. 그러나 우리 삶의 사소한 일들까지 쓸데없이 분노할 필요는 없습니다. 김수영 시인이 그걸 가르쳐 줍니다.

허허허, 큰 대접 받았네 그려

고재종 〈파안〉

마을 주막에 나가서
단돈 오천원 내놓으니
소주 세 병에
두부찌개 한 냄비

쭈그렁 노인들 다섯이
그것 나눠 자시고
모두들 볼그족족한 얼굴로
허허허
허허허
큰 대접 받았네 그려

"

정말 욕심 없는 정갈한 시입니다. 시를 천천히 음미하다 보니 그대로 우리 삶의 모습입니다. 사람 사는 맛이 느껴지는 것 같습니다. 서로가 서로의 빈자리를 채워주고 많은 말을 하지 않아도 허허 웃으며 서로의 눈빛에 행복해지는 세상. 저는 은퇴하면 이런 삶을 살고 싶습니다. 방송은 화려하고 거창합니다. 무언가를 아주 잘 포장합니다. 그래서 일반인이 보기에 방송, 즉 TV에 나오는 사람은 뭔가 달라 보인다고 착각합니다. 그러나 절대 그럴리 없습니다. 우리에게는 그냥 직장일 뿐이고 일이 끝나면 방송국 뒤편 포장마차에서 소주 한잔 하는 게 낙이 됩니다. 사람 사는 건 어디나 똑같습니다. 그걸 인정하고 그들과 하나가 되어야 공감 지수가 올라갑니다.

고재종 시인의 〈파안〉은 그냥 한 장의 스냅사진 같습니다. 시인이 시를 읽는 독자에게 이래라저래라 간섭하지 않습니다. 독자의 머릿속에 말끔한 풍경 하나를 떠올리게 하는 시가 좋은 시라고 했습니다. 저는 어렵게 쓴 시보다 이런 시가 참 좋습니다. 사람과 사람 사이에 두부찌개에서 피어오르는 따뜻한 김이 보이는 것 같습니다. 저는 방송과 뉴스, 기자를 떠나 정치를 준비하고 있습니다. 그런데 제가 하는 정치도 이 시처럼 정갈하고 말끔했으면 좋겠습니다. 감 놔라 대추 놔라 하는 정치가 아니라 국민이 담백하게 받아들일 그림이 그려지는 그런 정치를 하고 싶습니다. 우리의 행복이 별건가요. 시 속 노인들처럼 주막집에서 소박한 안주와 서민적인 술을 마시면서도 기쁘고 즐거운 얼굴로 밝은 웃음을 지을 수 있다면 그런 게 행복이겠지요. 그런 행복을 만드는 정치를 하겠습니다.

이 세상 모든 찬밥에 붙은 더운 목숨이여

황지우 〈거룩한 식사〉

나이 든 남자가 혼자 밥 먹을 때
울컥, 하고 올라오는 것이 있다
큰 덩치로 분식집 메뉴표를 가리고서
등 돌리고 라면발을 건져 올리고 있는 그에게,
양푼의 식은 밥을 놓고 동생과 눈 흘기며 숟갈 싸움하던
그 어린 것이 올라와, 갑자기 목메게 한 것이다

몸에 한세상 떠 넣어 주는
먹는 일의 거룩함이여
이 세상 모든 찬밥에 붙은 더운 목숨이여
이 세상에서 혼자 밥 먹는 자들
풀어진 뒷머리를 보라
파고다 공원 뒤편 순댓집에서
국밥을 숟가락 가득 떠 넣으시는 노인의 쩍 벌린 입이
나는 어찌 이리 눈물겨운가

"

페르시아 속담에 이런 말이 있습니다. 배가 고프면 육체는 정신이 되고 배가 부르면 정신은 육체가 된다고…. 정신이 육체가 된다는 건 정신이 자기 할 일을 안 한다는 겁니다. 그래서 조금 배고플 때 정신이 말짱해지나 봅니다. 시 앞부분부터 감정이 차오릅니다. 나이 든 남자가 혼자 밥을 먹는 장면을 생각하니 시를 읽는 저도 뭔가 울컥합니다. 정치를 하기 위해 전주에 내려와서 밥을 먹을 때 가끔 혼자 밥을 먹는 나이 든 남자의 뒷모습에 마음이 짠해질 때가 있습니다. 물론 혼자 먹을 수 있지요. 그러나 뭔가 삶의 무게가 느껴지는 뒷모습이었습니다. 그럴 필요까지는 없지만 문득 이분 옆자리에 앉아 같이 밥을 먹으며 아픔을 나누고 싶은 마음이 들 정도였습니다.

이 시를 보니 우리가 그냥 밥을 먹는 행위조차 정말 거룩하다는 걸 알게 됩니다. 음식은 우리를 살아가게 하는 힘이고 생명의 원천입니다. 배고픔을 모르는 시대에 살아서 우리는 밥 한 끼의 소중함을 못 느낍니다. 더군다나 찬밥이라면 쳐다보지도 않을 겁니다. 찬밥이라도 감지덕지하던 시절이 있었습니다. 우리가 이렇게 잘살게 된 건 얼마 안 됩니다. 집집마다 찬밥 가지고 싸우는 형제들의 풍경이 그냥 일상이었습니다. 서울의 파고다 공원 뒤편을 가보세요. 나이 든 남자가 혼자 밥을 먹는 풍경은 지금도 일상입니다. 나이 든 사람, 혼자, 찬밥은 이미 세상에서 밀려난 것을 의미합니다. 저는 이런 분들이 기운을 내서 잘 사는 세상을 만들고 싶습니다. 소외되는 사람들이 없는 더불어 행복한 세상을 만들고 싶습니다. 혼자 밥 먹는 그분들 앞에 앉아 같이 밥을 먹고 싶습니다. 나만의 배를 채우는 일을 넘어 우리 사회의 배를 채워드리고 싶습니다.

우리는 누구나 쓸모 있는 존재다

더글라스 맬로크 〈최선을 다하라〉

만일 당신이 산꼭대기의 소나무가 될 수 없다면

골짜기의 나무가 되어라

그러나 골짜기에서 제일가는 나무가 되어라

만일 당신이 나무가 될 수 없다면 덤불이 되어라

만일 당신이 덤불이 될 수 없다면 풀이 되어라

그리고 고속도로변을 아름답게 만들어라

만일 당신이 풀이 될 수 없다면 이끼가 되어라

그러나 호수에서 가장 생기 찬 이끼가 되어라

우리는 다 선장이 될 수는 없다

선원도 있어야 한다

우리는 누구나 쓸모 있는 존재다

해야 할 큰일이 있다

또한 작은 일이 있다

그리고 우리가 해야 할 일은 가까이에 있다

만일 당신이 고속도로가 될 수 없다면 오솔길이 되어라

만일 당신이 해가 될 수 없다면 별이 되어라

승리나 패배는 문제가 아니다

당신의 최선을 다하라

"

우리는 현재의 자리에서 보석같이 빛나는 사람이 되어야 합니다. 오솔길을 고속도로와 비교하면 안 됩니다. 고속도로의 장점이 오솔길의 장점을 못 따라옵니다. 거꾸로도 마찬가지입니다. 세계에서 가장 좋은 회사에 다니는 사람도 그 회사가 싫어서 사표를 씁니다. 왜 그럴까요? 가슴 뛰는 삶을 살기 위해서입니다. 저도 몇 번의 이직을 했지만 결국 제 가슴을 뛰게 하는 일을 찾아서 간 것 같습니다. 도쿄 특파원 생활도 그런 이유일 겁니다. 어떤 일을 생각하기만 해도 가슴이 쿵쾅쿵쾅한다면 그 일이 당신을 부르는 겁니다.

더글라스 맬로크의 〈최선을 다하라〉는 시에서 가장 인상 깊은 구절이 '풀이 될 수 없다면 호수에서 가장 생기 찬 이끼가 되어라.'는 부분입니다. 될 수 없는 것에 힘을 쏟기보다는 내가 잘

할 수 있는 일에 집중하라는 거겠죠. 우리는 참 많은 선택의 순간을 맞이합니다. 그럴 때마다 이 시를 생각하며 조금 더 겸손해지고 조금 더 내 가슴을 뛰게 하는 일을 찾았으면 합니다. 누구나 다 선장이 될 수는 없습니다. 선원으로서 내가 할 역할이 분명 있습니다. 정치도 마찬가지입니다. 누구나 리더가 될 수 없고 누구나 선한 사람이 될 수 없습니다. 때로는 가장 낮은 곳에서 고군분투할 수도 있고, 악역을 맡아 희생할 수도 있습니다. 그러나 그 일이 내 가슴을 뛰게 하고 이 세상을 바꾸는 데 아주 작은 역할이라도 된다면 기쁘게 하면 됩니다.

저에게 어떤 분이 어떻게 하면 그렇게 목소리가 좋아질 수 있는지 물어봅니다. 저는 목소리의 90%는 타고난다고 얘기합니다. 동시에 본인만의 색깔을 만드는 것이 중요하다고 강조합니다. 개성 있는 목소리는 본인 스스로의 노력으로 얼마든지 만들 수 있습니다. 우리는 모두 각자의 존재 자체가 얼마나 쓸모 있는지 알아야 합니다. 저는 정치를 하면서 그 각각의 쓸모를 최대치로 끌어 올리고 자신의 최대치가 사회에 얼마나 긍정적인 영향을 미치는지 알게 하고 싶습니다.

너무 웃겨 소가 넘어갑니다

윤희상 〈소를 웃긴 꽃〉

나주 들판에서
정말 소가 웃더라니까
꽃이 소를 웃긴 것이지
풀을 뜯는
소의 발밑에서
마침 꽃이 핀 거야
소는 간지러웠던 것이지
그것만이 아니라
피는 꽃이 소를 살짝 들어 올린 거야
그래서,
소가 꽃 위에 잠깐 뜬 셈이지
하마터면,
소가 중심을 잃고
쓰러질 뻔한 것이지

"

정말 너무 웃겨서 소가 넘어갈 시입니다. 기분이 가라앉을 때
이 시를 읽으면 마음속에 환한 꽃이 핍니다. 꽃이 소를 들어 올
렸다는 그 과한 표현에 웃음이 저절로 나옵니다. 이건 보통 세심
한 관찰 아니고는 발견할 수 없는 풍경입니다. 시인의 심리가 거
의 신의 경지에 올라선 것 아닌가 착각이 들 정도입니다. 우리 보
통 사람들이 못 보는 걸 보는 사람이 시인인 것 같습니다. 저는
정치를 할 겁니다. 그런데 보통 정치인들이 보지 못하는 걸 보려
고 노력할 겁니다. 이 시인의 섬세한 눈길처럼 말이죠.

보지 못하는 걸 보는 눈에 관해 이런 이야기가 생각납니다.
프랑스 작가 앙드레 브로통이 길을 걷다가 걸인을 발견하고 그
앞에 섰습니다. 걸인의 목에는 "나는 앞을 볼 수가 없습니다."라
는 팻말이 걸려있었습니다. 앙드레는 그 팻말의 글을 다음과 같

이 고쳐서 적어 주었습니다. "이제 곧 봄이 오는데, 나는 앞을 볼 수 없습니다." 안 보이던 것들이 보인다고 해서 그 계절의 이름을 봄이라고 했나 봅니다.

저도 어릴 적에는 소와 친했습니다. 김제 외가에 가면 소 등을 타고 놀았습니다. 소 등에 올라타 풀피리를 부는 그림은 제 어릴 적 풍경과 같습니다. 우리는 그렇게 소와 소통하며 지냈는데 사람들과 소통하지 못할 이유가 없습니다. 힘들고 지칠 때, 저는 이렇게 잔잔한 웃음을 주는 시가 좋습니다. 우리의 정치도 이 시처럼 국민에게 미소를 건네줄 수 있기를 바랍니다. 행복이란 멀리 있거나 엄청나게 거창한 게 아니라 주변의 소소함에서 발견하게 됩니다. 작은 것들에 관심을 기울이다 보면 거기서 작은 행복이 세상으로 퍼져갑니다. 세상에 대한 희망, 다시 살아야겠다는 힘…. 바로 그 희망과 힘이 우리를 행복하게 하고 우리 인생을 성공했다고 등 두드리게 할 겁니다.

우리가 살아 있다는 건
아직도 가야 할 길이 있다는 것

박노해 〈굽이 돌아가는 길〉

곧은 길만이 길이 아닙니다
빛나는 길만이 길이 아닙니다
굽이 돌아가는 길이 멀고 쓰라릴지라도
그래서 더 깊어지고 환해져 오는 길
서둘지 말고 가는 것입니다
서로가 길이 되어 가는 것입니다
생을 두고 끝까지 가는 것입니다

"

저는 누군가와 비교하면서 제 자신을 낮추지 않습니다. 제가 살아온 길은 죽죽 뻗은 탄탄대로가 아니었습니다. 조금 천천히 가도 굽이굽이 돌아서 나의 길을 갔고 주변도 돌아보고 이웃도 돌아봤습니다. 제 인생은 앞으로도 탄탄대로가 아닐지 모릅니다. 그러나 제 주변에 저와 함께하는 많은 사람이 직선 길보다 고즈 넉한 곡선 길의 매력을 높여 줄 것이라는 기대감이 큽니다. 어느 나무 전문가가 이런 말을 합니다. 곧게 뻗은 나무는 목재로서의 가치가 좋아서 금방 잘려 나가고, 비틀리고 휜 나무는 그냥 산에 남아 있다고요. 그런데 아파트 조경 전문가는 다른 말을 합니다. 곧게 뻗은 나무는 예술적 가치가 별로 없는 나무이고, 비틀리고 휜 나무는 그 멋스러움이 예사롭지 않아서 비싼 아파트의 조경 수로 높은 가치를 인정받으며 팔려나간다고 말이죠.

우리는 모두 가치가 있는 사람들입니다. 각자의 길, 각자의 삶이 있는 사람들입니다. 자기 길이 남보다 못하다고 좌절할 이유도 없고, 자기 길이 멋지게 죽죽 뻗은 대로라고 우쭐거릴 이유도 없습니다. 사람들의 인생길을 들여다보면 곧게 뻗은 길은 그다지 많지 않습니다. 다 굴곡이 있고 굵은 마디가 있고 비틀림이 있습니다. 그 비틀림 속에 세상을 바꿀 응축된 에너지가 숨어 있습니다. 사업을 하는 사람도 몇 번은 실패합니다. 우리는 IMF 위기를 겪었고 금융대란도 지나왔고 코로나19도 거의 통과하고 있습니다. 두려운 것은 결국 자기 자신에 대한 나약한 믿음입니다. 남과 비교만 하지 않으면 됩니다. 남이 걸어가는 길이 부럽다고 자기자신의 갈 길을 잃어버리면 안 됩니다. 강을 봐도 일직선으로 흘러가는 강이 있고 굽이쳐 흐르는 강도 있습니다. 우리의 삶도 그런 것 아닐까요?

비록 굽은 길을 힘겹게 걸어가더라도 실망하지 말고 계속 가십시오. 오히려 그 길이 지름길이 될 수도 있습니다. 박노해 시인의 시구처럼 서둘지 말고 서로에게 길이 되며 생의 끝까지 가야 합니다. 저는 방송도 정치도 한번 발을 내디딘 그곳에서 끝장을 보는 성격입니다. 중도에 포기하거나 다른 길을 넘보지 않습니다. 시간이 조금 늦어져도 그 길에서 다른 이들의 손을 끌며 갈 겁니다.

우리 삶은 변수가 많습니다. 그 변수에 지지 않으려고 합니다. 박노해 시인이 그렇게 하라고 따뜻하게 조언합니다.

고통에 찬 달팽이를 보거든 충고하지 마라

장 루슬로 〈세월의 강물〉

고통에 찬 달팽이를 보거든 충고하지 마라
스스로 궁지에서 벗어날 것이다
너의 충고는 그를 화나게 하거나 상처를 줄 것이다

하늘 선반 위로
제자리에 있지 않은 별을 보거든
그럴 만한 이유가 있을 거라 생각하라

더 빨리 흐르라고 강물의 등을 떠밀지 마라
풀과 들, 새와 바람, 그리고 땅 위의 모든 것처럼
강물도 나름대로 최선을 다하고 있다

"

저는 슬퍼하고 힘들어하는 사람에게 우월함을 티 내며 만족하는 사람보다 그윽하게 바라보며 눈빛으로 '힘내'라고 얘기해주는 사람이 좋습니다. 사람은 남에게 충고하는 걸 좋아합니다. 나이가 들수록 그런 경향이 더 심해집니다. 자기 습관은 점점 시멘트화 되어서 고치기 힘들면서 남이 조금이라도 자기 눈에 벗어난 길을 걸으면 한마디 하려고 들썩거리는 게 사람입니다. 알아서 잘하고 있는 젊은 후배에게 한마디 충고를 한다는 건 꼰대짓입니다. 후배는 그 충고를 듣고 절대 고마워하지 않을 겁니다. 사람은 다 자기만의 속도와 방향이 있습니다. 내 속도, 내 방향이 옳다고 고집하고 그걸 주입하려 해서는 안 됩니다.

저도 이 시를 보면서 제 자신을 돌아봅니다. 뉴스 앵커 시절, 제 기준에 맞춰 혹시 후배들을 닦달하지 않았는지, 조언한다고 접근했지만 결국 기분 나쁜 충고가 되지는 않았는지 반성하게 됩니다. 아이를 키울 때도 마찬가지입니다. 분명 내 아들은 나의 상황과 다르고, 내 생각과 다릅니다. 그런데 경험이 적다는 이유로 내 생각과 가치를 주입했을 수도 있습니다. 아들은 나름 고민하고 발전해가고 있는데 내 기준으로 바라보는 속도에 맞춰 함부로 충고했던 것 같습니다. 내가 겪는 고통과 아이가 겪는 고통은 분명 다릅니다. 내가 스스로 고통을 이겨내며 삶의 면역력을 키웠듯이 아이도 자기가 경험하는 그 고통 속에서 견디는 힘과 면역력을 갖게 될 것입니다. 어른들이 저지르는 실수 중에 가장 큰 것은 옆집 아이와 비교하는 겁니다. 우리 집 강아지도 남의 집 강아지와 비교하면 시름시름 앓는다고 합니다. 하물며 사람은 오죽하겠습니까. 사소한 말이 상처가 될 수 있습니다. 건방진 충고가 아니라 따뜻한 조언이 필요합니다.

그들의 갈채조차 간 곳 없어라

요한 볼프강 폰 괴테 〈파우스트〉

내 첫 노래를 경청했던 친구들,
그들은 다음 노래를 듣지 못하누나
그 정다웠던 모임 흩어져버리고,
오오, 그 첫 번째 메아리도 간 곳 없어라
나의 노래, 낯선 무리 속에서 울려 퍼지니
그들의 갈채조차 내 마음을 무겁게 하는구나
일찍이 내 노래 듣고 즐거워했던 친구들
아직 살아있다 해도, 온 세상에 흩어져 방황하고 있겠지

"

저도 한때는 참 많은 박수를 받았고 칭찬도 들었습니다. 그러나 그 박수와 칭찬에 머무는 동안, 추락의 순간은 의외로 빨리 다가옵니다. 그래서 저는 제가 받는 박수와 칭찬이 저에게 가해지는 채찍이라고 생각하며 흐트러지지 않으려고 노력합니다. 사람의 마음을 얻는 것은 매우 힘든 일입니다. 정치는 사람의 마음을 얻어야 합니다. 사람의 마음을 얻으려면 그 사람의 아픔, 그 사람의 기쁨을 온전히 받아들이고 그 사람의 삶을 책임진다는 자세가 필요합니다. 저는 그 책임감으로 정치에 나선 사람입니다.

파우스트에 나오는 헌사는 괴테 나이 48세에 쓰였습니다. 중년의 나이에 접어들어 옛 추억을 회상하고 있습니다. 그 회상에 제 마음도 하나가 됩니다. 비슷한 정서가 있기 때문일 겁니다. 파우스트는 괴테가 나이 서른에 쓰기 시작해서 여든에 완성한 대작입니다. 50년 공을 들인 그 대작을 후루룩 읽을 수 없어서 천천히 음미하다 보니 저 시구가 눈에 들어옵니다. 저도 고등학생 시절 그랬습니다. 늘 친구들과 함께 노래를 부르고 웃으며 살았습니다. 그런데 등이 휠 것 같은 삶의 무게를 지탱하느라 자주 만나지 못하다 보니 서로 흩어지게 되더군요. 늘 마음 한쪽에는 친구들 생각이 납니다. 전주의 골목골목에서 웃고 떠들던 날들이 떠오릅니다. 괴테의 말처럼 지금은 온 세상에 흩어져 방황하고 있을지라도 그들은 제 기억 속에서 절대 흩어지거나 방황하지 않습니다. 지금 제 노래는 낯선 무리 속에서 울려 퍼지고 있지만 조만간 이 노래도 또 다른 친구들과 연결될 것이라고 생각합니다.

간간이 들리는 저를 향한 갈채가 예전만 못하지만 제 온 마음을 다해 그들에게 다가간다면 그들과 저 사이에 흐르는 에너지도 조금 가벼울 수 있을 것 같습니다. 저도 괴테처럼 노래하고 싶습니다. 인간이 무엇인지, 삶이 무엇인지, 사랑이 무엇인지 말이죠. 그리고 옆에 있는 친구가 어떤 의미인지도. 저는 앞으로 제 심성을 확 눈뜨게 하는 정령도 만나고 악마도 만날 것입니다. 결국 인간의 심연 저 끝에 도달하게 되겠죠. 제 노래가 현재의 친구들은 물론이고 흩어진 과거의 친구들을 함께 만나는 그날을 기다려 봅니다.

희망은 어떻게 이토록 격렬한가

기욤 아폴리네르 〈미라보다리〉

미라보 다리 아래 세느 강이 흐르고
우리들의 사랑도 흘러간다
그러나 괴로움에 이어서 오는 기쁨을
나는 또한 기억하고 있나니
밤이여 오라 종이여 울려라
세월은 흘러가는데, 나는 이곳에 머문다

손에 손을 잡고 얼굴 마주하며
우리의 팔 밑 다리 아래로
지친 듯 흘러가는
영원의 물결
밤이여 오라, 종이여 울려라
세월은 흐르고 나는 이곳에 머문다

흐르는 강물처럼
사랑은 흘러간다
삶이란 이다지도 지루하고   날이 가고 세월이 지나면
희망은 이토록 강렬한지   가버린 시간도
                                   사랑도 돌아오지 않고
                                   미라보 다리 아래 세느 강만 흐른다

                                   밤이여 오라 종이여 울려라
                                   세월은 가는데 나는 이곳에 머문다

"

이게 제 마음입니다. 제 마음은 조급합니다. 28년 기자, 앵커 직을 내려놓고 새로운 길에 접어들었습니다. 건너온 다리는 불살 랐고 옆으로 샐 다른 길도 없습니다. 제 마음속 끓어오르는 희 망은 아주 격렬합니다. 저는 기욤 아폴리네르에게서 보잘것없는 인간을 사랑하는 법을 배웁니다. 미라보다리 아래 흐르는 센강 이든, 한남대교 밑을 흐르는 한강이든 강은 우리의 기쁨과 슬픔 을 모두 가져갑니다. 어제의 슬픔은 이미 떠난 지 오래고 오늘의 기쁨이 다시 다가옵니다. 강물은 느린 듯 빠르게 흘러갑니다. 너 무 지루해서 나른한 그때의 시간도 지나고, 너무 빨라서 붙잡고 싶은 지금의 시간도 흘러갑니다. 그 시간 속에 사랑도 있고 슬픔 도 있고 그토록 격렬한 희망도 있습니다. 삶은 늘 고통의 연속입 니다. 좋았던 시간보다 나빴던 시간이 더 많은 것 같습니다. 활짝 웃었던 시간보다 눈물 흘리며 아팠던 시간이 더 많습니다.

이태원 참사로 너무 아팠던 그때, 저는 한남대교를 건너기가 참 힘들었습니다. 성수대교가 무너졌을 때는 제 마음도 무너져 내렸습니다. 다들 아파하고 죽어가던 그 시간에 제가 할 수 있는 게 없다는 것이 더 슬펐습니다. 기자로서 현장에 달려가고 싶었지만 갈 수 없었던 지방 기자의 아픔. 그래서 끊임없이 서울로 올라가려고 몸부림치던 아픔이 다시 생각납니다. 그 당시 제 희망과 열망은 매우 격렬했습니다. 아무리 아프고 고통스러운 일이 있어도 희망은 격렬하게 다시 우리 앞으로 흘러 다가옵니다. 절망하고 주저앉을 수 없습니다. 다음 세대를 위해서라도 살아있는 우리 모두는 다시 희망을 만들어야 합니다. 파리의 미라보다리는 그렇게 큰 다리가 아닙니다. 그런데 아폴리네르 덕분에 관광객들이 많이 찾습니다. 아마도 꽤 문학적인 관광객들일 겁니다. 아폴리네르의 시 때문에 그곳을 방문했으니까요. 스테판 에셀이 이야기하듯 시가 있는 인생은 언제나 현재의 고통과 슬픔을 초월할 힘과 영감을 제공합니다. 행복한 삶의 문을 열어준 첫 번째 열쇠, 아폴리네르가 격렬하게 얘기한 희망이 담긴 시입니다.

모든 순간이 꽃봉오리인 것을

정현종 〈모든 순간이 꽃봉오리인 것을〉

나는 가끔 후회한다
그때 그 일이
노다지였을지도 모르는데…
그때 그 사람이
그때 그 물건이
노다지였을지도 모르는데…
더 열심히 파고들고
더 열심히 말을 걸고
더 열심히 귀 기울이고
더 열심히 사랑할걸…

"

전주에서 사업을 하는 청년들이 희망을 이야기합니다. 공부 잘하고 똑똑한 친구들이 대부분 서울로 떠나면서 오히려 자신들에게 기회가 왔다고 두 주먹을 불끈 쥡니다. 물론 멋지고 훌륭한 후배들이 겸손하게 말한 것이라는 걸 저는 잘 압니다. 한 떨기 꽃을 피우며 열매를 기다리듯 긍정적인 마인드로 미래를 개척하는 청년들은 아름답습니다. 그 꽃봉오리가 활짝 피어나게 하는 정치를 해야겠다고 저 역시 두 주먹을 불끈 쥐었습니다. 목적 지향의 삶이 목적을 다 이루었다면, 그다음은 무엇을 위해 살아야 할까요? 인생은 단순히 목적을 달성하기 위한 삶이 아니라 목적으로 가는 과정을 즐기는 삶이 되어야 합니다. 인생은 산을 오르는 것이 아니라 사막을 건너는 것처럼 살아야 합니다. 작은 땀방울이 빚어내는 일상의 노력이 쌓여 나의 내일이 달라집니다.

우리는 눈앞에 오아시스와 천국이 있는데도 다른 곳을 바라봅니다. 늘 좋은 사람을 만나게 해 달라고 기도하면서도 막상 좋은 사람이 눈앞에서 자기를 위로하고 있는데도 몰라보는 게 사람입니다. 좋은 사람은 늘 내 곁에 있었고 앞으로도 그럴 겁니다. 좋은 사람, 좋은 물건, 좋은 말을 만나러 가는 길에는 비바람도 세차게 불고, 안개도 자욱할 수 있습니다. 영화 〈소울〉에서 주인공 존 가드너가 그토록 바라던 도로시 윌리엄스와의 꿈같은 공연을 마친 날 "꿈을 이루었는데 왜 이렇게 허전한 거지?"라고 묻습니다. 멍한 표정의 존에게 도로시 윌리엄스는 다음과 같은 우화를 들려줍니다. 젊은 물고기가 늙은 물고기에게 말했습니다. "저는 지금 '바다'라는 곳을 찾아가고 있어요." 그러자 늙은 물고기가 답합니다. "네가 지금 있는 이곳이 바로 바다란다." 젊은 물고기가 되물었습니다. "하지만 제 주변에 있는 건 온통 물 뿐인걸요!" 우리의 모든 순간이 꽃봉오리입니다. 매 순간 후회 없이 살아야겠습니다.

실패할 수 있는 용기

유안진 〈실패할 수 있는 용기〉

눈부신 아침은
하루에 두 번 오지 않습니다
찬란한 그대 젊음도
일생에 두 번 다시 오지 않습니다

어질머리 사랑도
높푸른 꿈과 이상도
몸부림친 고뇌와 보석과 같은 눈물의 가슴앓이로
무수히 불 밝힌 밤을 거쳐서야 빛이 납니다

젊음은 용기입니다
실패를 겁내지 않는
실패도 할 수 있는 용기도
오롯 그대 젊음의 것입니다

66

제 삶은 실패의 연속이었습니다. 늘 파도가 치고 역풍이 제 발걸음을 막았습니다. 그러나 "바람아 불어라. 나는 그럼에도 내 길을 갈 것이다"라는 각오로 험한 길을 헤치며 살아왔습니다. 평온한 바다는 유능한 뱃사람을 만들 수 없다고 했습니다. 역풍이 사람을 더 강하게 하는 법이죠. 저 역시 기자와 앵커 생활을 하면서 한순간도 평온한 적이 없었습니다. 결국 사람이 문제였지만 또 다른 사람들이 저를 일으켜 세워줍니다. 그렇게 사람의 파도, 인연의 파도를 타며 제가 목표한 길을 향해 나아갑니다. 에이브러햄 링컨도 실패의 대가입니다. 성공학의 대가로 불리는 브라이언 트레이시는 실패하고 실패한 자신의 인생을 이야기하면서 '실패학'을 '성공학'의 지렛대로 활용합니다. 그는 인생의 변곡점마다 실패의 눈물 속에서 성공의 꽃망울을 피운 사람이었습니다.

유명한 지식생태학자인 유영만 한양대 교수는 그의 책 〈용기〉에서 이런 말을 합니다. "우리가 저지를 수 있는 가장 치명적인 실수는, 실수할까 봐 시도조차 하지 않는 거라네." 저는 2022년 일생일대의 큰 도전에 나섰습니다. 방송 언론계를 뒤로하고 정치 세계에 뛰어들었습니다. 주변에서는 우려하는 사람도 많고 말리는 후배들도 많았습니다. 심지어 욕도 들어 먹습니다. 그러나 저는 제 도전을 후회하지 않습니다. 머뭇거리지도 않습니다. 뭔가 제 속에 끓어오르는 마지막 1℃의 에너지가 용기를 내게 합니다. 물론 실패할 수도 있습니다. 그러나 그게 두려우면 평생 저는 더 큰 세상으로 나가지 못합니다. 먼저 걸어간 선배의 길도 있지만 저는 그 길과 다른 길을 걸어갈 겁니다. 역풍을 맞고, 잠시 고뇌의 시간을 보낼지는 몰라도 주저앉거나 다시 되돌아가지는 않겠습니다. 늘 그렇듯이 저는 정면 돌파를 선택하며 한발 한발 전진할 겁니다.

사람들은 그것이
불가능하다고 말하지

에드가 게스트 〈사람들은 그것이 불가능하다고 말하지〉

누군가 그런 일을 불가능하다고 말했지
하지만 그는 끌끌 웃으면서 대답했어
"그럴지도 모르죠"
스스로 해보기 전에는 알 수 없는 법
그는 싱긋 웃으며 덤벼들었지
걱정하는 기색조차 없었어
노래를 부르며 남들이 할 수 없다던 일과 씨름했고,
결국 그 일을 해냈지

"

저는 이처럼 긍정적인 자세가 참 좋습니다. 남들이 불가능하다고 말하지만 싱긋 웃으며 덤벼들어 결국 그 일을 해내고야 마는 자세. 새로운 일에 도전하면 사람들은 불가능하다고 하고, 비웃거나 실패를 예언합니다. 그러나 저는 가고자 하는 길에 위험이 도사리고 있다고 해도 턱을 당당하게 치켜들고 노래를 부르면서 어떤 의심도 변명도 하지 않고 결국은 해냅니다. 저는 에드가 게스트의 시가 전해주는 에너지로 세상을 향해 나갑니다. 스페인의 파밀리아 대성당을 설계한 안토니오 가우디는 이런 말을 합니다. "즉흥곡은 결코 즉흥적으로 만들어진 작품이 아니다. 영감은 노력하지 않고 나오는 것이 아니라, 힘겨운 노력 끝에 생성되기 때문이다."

우리는 의심이나 변명을 잠재우고 싱긋 웃으며 소매를 걷어붙인 채 불가능하다고 얘기하는 일에 덤벼들 때 결국은 해내게 되는 겁니다. 이상국 시인의 〈있는 힘을 다해〉라는 시를 보면, 해질 무렵 왜가리 한 마리가 우아한 목을 길게 빼고 아주 오래 숨을 죽였다가, 있는 힘을 다해 물속에 부리를 박는 장면의 묘사가 나옵니다. 왜가리 한 마리도 있는 힘을 다해 그렇게 살아가는데 우리 인간은 어떻게 살아야 할까요? 자전거를 잘 타려면 끊임없이 페달을 밟아야 합니다. 멋진 정원을 갖고 싶다면 허리 굽혀 땅을 파야 합니다. 우리가 원하는 세상의 그 어떤 가치들도 노력 없이는 얻을 수 없습니다. 내가 무언가 손에 쥐고 싶은 소망이 있다면 그 소망을 '목표'로 바꾸고 쉼 없는 노력의 페달을 밟아야 합니다.

그럼에도 네 최고의 것을
세상에 주어라

켄트 M. 키스 〈위대한 역설〉

사람들은 종종 변덕스럽고 불합리하며
자기중심적이다
그럼에도 그들을 용서하라
네가 친절을 베풀면
이기적이거나 무슨 저의가 있을 거라고 탓할지 모른다
그럼에도 친절하라
네가 정직하고 솔직하면
사람들이 널 속일지도 모른다
그럼에도 정직하고 솔직하라
네가 오랫동안 쌓아 올린 것을
누군가 하룻밤 새 무너뜨릴지도 모른다
그럼에도 그것을 쌓아라

"

독수리와 굴뚝새 이야기를 아시나요? 새들의 높이 날기 경주
이야기입니다. 힘센 독수리는 당연히 자기가 이길 것으로 생각하
고 다른 새들을 가소롭게 지나치며 더 이상 높이 날아오를 수 없
는 곳까지 날아오릅니다. 승리의 기쁨을 만끽하려는 순간, 갑자
기 독수리 등의 깃털 속에 숨어 있던 작은 굴뚝새 한 마리가 푸
드덕 독수리 등 위로 날아오릅니다. 나는 놈 위에 더 높이 나는
놈의 이야기입니다. 정상적으로 경주를 했으면 굴뚝새는 독수리
를 따라잡지 못합니다. 그럼에도 불구하고 정신을 바짝 차렸기에
독수리를 이길 수 있었습니다.

JTBC 프로그램 중에 〈아는 형님〉이 있습니다. 거기에 출연하
는 게스트들은 꼭 자신의 출신학교를 밝혀야 합니다. 제가 만약
그 프로그램에 나간다면 〈그럼에도 불구하高〉일 겁니다. 저는 살

면서 '그럼에도 불구하고'를 많이 사용했던 것 같습니다. '그럼에도 불구하고'는 프로와 아마추어를 구분하는 기준입니다. 프로는 '그럼에도 불구하고'를 자주 쓰고, 아마추어는 '그렇기 때문에'를 주 무기로 사용합니다. 데일 카네기는 현재 상태에 대해 자기 연민에 빠지는 것은 에너지 낭비일 뿐만 아니라 최악의 습관이라고 했습니다. '그렇기 때문에'는 자기 연민의 덫입니다. 조금 힘겨운 일이 저에게 주어질 수 있습니다. 그럴 때 저는 '그럼에도 불구하고' 정신을 불러옵니다. 몸이 안 좋아서 정신까지 나약해질 때가 있을 겁니다. 그럴 때도 '그럼에도 불구하고'를 불러옵니다. 여러분이 저 단어를 사용할 때마다 여러분의 인생 행로는 반드시 달라질 것입니다. 제가 삶의 순간순간 경험한 것이기에 적극적으로 권합니다.

단 한 사람의 삶이라도
행복해지는 것

랄프 왈도 에머슨 〈성공이란〉

자주 그리고 많이 웃는 것
현명한 이에게 존경을 받고
아이들에게서 사랑을 받는 것,
정직한 비평가의 찬사를 듣고
거짓된 친구들의 배반을 견뎌내는 것,
아름다움을 식별할 줄 알며
다른 사람에게서 최선의 것을 발견하는 것,

건강한 아이를 낳든
한 뼘의 정원을 가꾸든
사회 환경을 개선하든
자기가 태어나기 전보다
세상을 조금이라도 살기 좋은 곳으로
만들어 놓고 떠나는 것,
자신이 한때 이곳에 살다 간 덕분에
단 한 사람의 삶이라도 행복해지는 것,
이것이 진정한 성공이라네

"

저는 이 시의 마지막 세 줄에 전율이 느껴졌습니다. 사람 사는 것, 그리 거창할 필요가 없습니다. 마지막 세 줄만 이루었다면 성공한 겁니다. 누가 인정하고 안 하고의 문제도 아닙니다. 그저 내가 이 지구상의 단 한 사람에게라도 선한 영향을 주었다면 그것으로 충분한 겁니다. 여기서 단 한 사람은 가족이거나, 제 주변의 누군가일 수도 있습니다. 우리는 각각 '하나'이면서 또한 '모두'이기 때문입니다. 내가 어떻게 하느냐에 따라 우리가 달라지고, 우리가 달라지면 우리가 사는 세상도 달라집니다.

세상을 어떻게 바꿀까요? 자기 자신부터 바꾸면 됩니다. 자신의 생활 습관부터 바꾸면 됩니다. 조금이라도 더 운동하고, 조금이라도 더 계절을 즐기고, 조금이라도 더 이 세상을 사랑하십시오. 물론 못된 사람도 많고, 부정부패 사건도 넘쳐나지만 내가 태어나기 전보다 조금이라도 좋은 세상을 만들기 위해 아주 작은 한 가지 변화라도 세상에 던져 놓고 가야 합니다. 당신이 이 땅에 살았음으로 인해 참 좋았다는 말을 듣기를 바랍니다. 죽기 전에 좋은 기억을 많이 가진 사람은 시신도 가볍다고 합니다. 모든 걸 내려놓고 편안하게 간다는 얘기일 겁니다. 작고하신 이어령 선생이 어느 방송에서 이런 말을 했습니다. 아마 질문이 "진짜 성공적인 인생은 무엇일까요?"였을 겁니다. "우린 모두 태어날 때 울게 됩니다. 대신 곁에 있는 사람들은 다들 좋아하고 축하하지요. 반대로 세상을 떠날 때 나는 편안하게 웃고, 남들은 모두 보내기 싫어 슬피 우는 인생, 이것이 바로 성공적인 인생이지요."

완벽주의자보다
경험주의자가 되라

엘렌 코트 〈초보자에게 주는 시〉

시작하라. 다시 또 시작하라
모든 것을 한 입씩 물어뜯어 보라
또 가끔 도보 여행을 떠나라
자신에게 휘파람 부는 법을 가르쳐라
.....

흐르는 물 위에 가만히 누워 있어 보라
그리고 아침에는 빵 대신 시를 먹어라
완벽주의자가 되려 하지 말고
경험주의자가 되라

"

우리의 삶은 몇 번이고 엉뚱한 방향을 헤매다가 겨우 올바른 방향을 찾는 미로와 같습니다. 시릴 코너라는 사람이 그렇게 말했습니다. 주변에 보면 완벽을 추구하는 사람이 참 많습니다. 저도 한때는 그랬던 것 같습니다. 생방송에서 실수하지 않기 위해 연습하고 또 연습했습니다. 완벽하게 준비하느라 스트레스가 쌓이는 걸 몰랐습니다. 새벽 2시, 3시에도 기사를 고치고 제 발음을 고치고 조금 더 완벽하기 위해 모든 열정을 쏟아부었습니다. 그런데 스위스 취리히대학교의 페트라 비르츠 박사팀이 발표한 "완벽주의자는 건강을 해칠 가능성이 크다."라는 논문을 읽고, 삶의 태도를 조금 바꾸어야겠다고 생각했습니다. 완벽주의는 자신을 옴짝달싹 못하게 만드는 족쇄입니다. 실수를 가볍게 웃어넘길 수 있는 여유로운 자세가 필요합니다. '조금이라도 잘못되면 어쩌나' 하면서 지레 포기하지 말기 바랍니다. 작은 실수, 작은 실패들이 모여 큰 성공을 만든다고 했습니다.

　미국의 90세 이상 노인들에게 "지난 인생을 돌아보았을 때 가장 후회되는 것이 무엇인가?"라고 물었습니다. 90%가 "좀 더 모험을 해 보았더라면 좋았을 것"이라고 대답했습니다. 청춘과 노인의 차이는 바로 이것이라고 봅니다. 경험을 조금 더 해보려고 덤벼드는 것이 청춘이고, 더 이상의 경험이 필요 없다고 생각하는 것이 노인입니다. 스테판 M 폴란의 〈2막〉에 나오는 경험주의자의 말이 저와 여러분 모두에게 따뜻한 조언이 될 것 같습니다.

　"우리는 완벽한 기회가 오기를 기다리다가 삶을 헛되이 보내는 사람들을 잘 알고 있다. 그 사람들이란, 완벽한 여인을 기다리다가 사랑이 모두 지나갔음을 뒤늦게 깨닫는 머리 희끗한 노총각일 수도 있고, 항상 창업할 시기만 찾다가 결국 아무것도 못하는 야심 많은 직장 동료일 수도 있다."

꾸물대지도 말고
너무 서둘지도 말고

이황(李滉, 1501-1570) 〈자탄〉

자탄自歎
已去光陰吾所惜(이거광음오소석)
當前功力子何傷(당전공력자하상)
但從一簣爲山日(단종일궤위산일)
莫自因循莫太忙(막자인순막태망)

지난 세월을 한탄하며
이미 지나간 세월이라 나에게는 안타깝지만
그대는 지금 시작하면 되니 무엇이 걱정이오
조금씩 흙을 쌓아 산을 이루는 그날까지
너무 꾸물대지도 말고 너무 서둘지도 말게

"

노력에 관한 이황의 시입니다. 우리 주변에는 조금씩 흙을 쌓아 산을 이룰 것처럼 묵묵히 연습하고 노력하는 사람들이 많습니다. 저 역시 생방송 실수를 막기 위해 끊임없이 준비했습니다. 입에 볼펜을 물고도 한참을 연습합니다. 우리는 완벽할 수 없기에 연습해야 합니다.

제가 좋아하는 농구 황제 마이클 조던도 경기에 나서기 세 시간 전부터 빈 코트에 나와 홀로 슈팅 연습을 했다고 합니다. 엄청난 스타였지만 남보다 먼저 도착해 더 열심히 노력했고, 두 눈을 감고도 슈팅할 수 있는 경지까지 올라섭니다. 돌부처로 유명했던 바둑의 이창호 9단 역시 미적대지도 않고 서두르지도 않은 인물이었습니다. 스스로 느림보라고 말하면서도 남보다 더 많이 노력하고 더 많이 연습했습니다. 느린 행마로 스피드를 제압할 수 있는 이유가 무엇인지 묻는 인터뷰 질문에 이창호 9단은 이렇게 대답합니다. "느린 쪽이 단지 둔한 수라면 스피드에 밀릴 수밖에 없습니다. 솔직히 말해서 저는 능력이 부족해서 둔한 수를 잘 두고 그 때문에 초반에 자주 밀리곤 합니다. 그러나 빠른 게 꼭 좋다고 생각하지 않습니다. 느림에도 가치 있는 느림이 있습니다. 가치 있는 느림은 스피드를 따라잡을 수 있습니다."

느림에도 가치 있는 느림이 있다는 말이 쿵 하고 와닿습니다. 나이 40, 50 심지어 60이 넘어서도 새로운 일에 도전할 수 있습니다. 요즘 젊은이들 말 중에 '졸꾸'라는 말이 있습니다. '졸라 꾸준히'라는 말입니다. 절대 서두를 필요 없습니다. 무슨 일이든 꾸준히 하는 게 중요합니다. 우리는 늘 빨리빨리 조급함에 쫓겨 삽니다. 그 조급함만 버리면 오히려 더 빨리 갈 수 있습니다.

제각기 갈 길 가는 터,
무엇을 다툴 것이랴

송익필(宋翼弼, 1534-1599) 조선 중기의 학자, 문인 〈산행〉

산행山行
山行忘坐坐忘行 (산행망좌좌망행)
歇馬松陰聽水聲 (헐마송음청수성)
後我幾人先我去 (후아기인선아거)
各歸其止又何爭 (각귀기지우하쟁)

산행
산을 가다 쉬는 것을 잊고, 앉았다 걷기를 잊어
소나무 그늘 아래 말을 세우고 물소리를 듣네
내 뒤에 온 몇 사람이 나를 앞서갔는가?
각자 그칠 곳에 돌아가니 또 어찌 다투는가?

"

저도 산을 타는 걸 좋아합니다. 산행을 하다 보면 우리 인생
과 같다는 걸 느낍니다. 뒤에 오던 사람들이 나를 앞질러서 간들
무슨 상관이겠습니까. 제 후배가 저를 앞질러 가면 축하해줘야지
가슴 아파하면 뭐 합니까? 쓸데없는 속도 경쟁에 휩쓸려갈 필요
없이 자신만의 보폭으로 자기만의 길을 가면 됩니다. 세계 최초
로 8,000 미터 16좌를 완등한 산악인 엄홍길 씨는 그렇게 많이,
그렇게 높은 산을 올랐는데도 다음과 같은 겸손한 말을 합니다.
"산은 정상에 다다를수록 경사가 급해집니다. 경사가 급해지면
몸을 숙이지 않고는 오를 재간이 없습니다. 흔히 사람들은 정상
을 끝이라고 생각하기 쉬운데 절대 그렇지 않습니다. 안전한 하
산까지 마무리해야 등산에 성공하는 것이지요." 그는 높은 곳에
오르고 나면 비로소 낮아지는 인생의 이치를 깨달은 겁니다.

산길을 가다 보면 걸음이 빠른 사람도 있고 느린 사람도 있습니다. 사람마다 체력이나 취향, 목적도 다릅니다. 그러나 산행에서 배우는 원리는 하나입니다. 삶의 보폭이 다르다고 해서 누가 앞서고 누가 뒤처지는 것이 아닙니다. 사업하는 사람도, 정치하는 사람도 마찬가지입니다. 제각기 자기만의 길을 가면 됩니다. 산은 경쟁을 하며 오르는 곳이 아닙니다. 물소리도 듣고 바람 소리도 들으며 자기의 보폭으로 산을 탑니다. 인생도 그렇습니다. 내 주변도 돌아보고, 계절의 풍경도 돌아보며 인생을 탑니다. 저기 앞질러 가는 한 사람을 부러워할 필요가 없습니다.

상상력은 초승달로
나무도 베어 버린다

곽말약(郭沫若, 중국, 1892-1978) 〈신월〉

신월新月
新月如鐮刀 (신월여렴도)
斫上山頭樹 (작상산두수)
倒地却無聲 (도지각무성)
游枝亦橫路 (유지역횡로)

초승달
초승달이 낫 같아
산마루의 나무를 베는데
땅 위에 넘어져도 소리 나지 않고
곁가지가 길 위에 가로 걸리네

"

상상력이 대단한 것 같습니다. 초승달의 생김새가 낫과 같아서 산마루의 나무를 벤다고 합니다. 똑같은 사물도 어떻게 바라보느냐에 따라 크게 달라집니다. 이런 감각은 하나의 풍경을 세심하게 관찰하지 않고는 나올 수 없습니다. 곽말약은 여덟 살 때부터 시를 쓰기 시작한 중국의 유명한 시인입니다. 시인의 상상력은 비유법에서 드러납니다. 곽말약이 초승달을 낫에 비유한 것과 같이 말입니다. 아리스토텔레스는 이 비유법을 가르칠 수도, 배울 수도 없는, 타고나는 능력이라고 주장했습니다. 중국에 곽말약이 있다면 한국에는 황진이가 있습니다. 황진이는 〈반달〉이라는 시에서 곽말약 버금가는 비유법을 선보입니다. 한번 살펴보시죠. "누가 곤륜산의 옥을 잘라. 직녀의 머리빗을 만들었나. 견우가 떠나간 뒤. 수심 겨워 저 하늘에 던져 버린 것." 곽말약이 초승달을 낫에 비유했다면 황진이는 반달을 머리빗에 비유했습니다.

상상력이 있는 삶은 더 밝고 풍요롭습니다. 상상력이 있는 정치는 더 밝은 꿈을 만듭니다. 그런데 지금 우리의 삶, 우리 정치에는 상상력이 참 빈곤하다는 생각을 많이 합니다. 그래서 늘 뻔한 패턴으로 상대를 공격하고 깎아내리려 합니다. 그런 정치는 마이너스 정치입니다. 세상은 다양한 상상력을 발휘하는 플러스 정치가 필요합니다. 잘 아시다시피 제 고향 전주는 예술의 도시입니다. 예술은 상상력을 뿌리로 합니다. 저는 전주의 상상력을 꽃 피우고 싶습니다. 예향의 도시라는 그 플러스 가치를 다시 살려내고 싶습니다. 예술은 다름에서 닮음을 찾아내는 과정이자 결과물입니다. 우리의 정치도 서로 다름에서 닮음을 찾아내는 상상력이 필요합니다.

바람이 분다. 살아봐야겠다

오규원

모든 길은 막막하고 어지럽다. 그러나
고개를 넘으면
전신이 우는 들이 보이고
지워진 길을 인도하는 풀이 보이고
들이 기르는 한 사내의
편애와 죽음을 지나

먼 길의 귀속으로 한 발자국씩
떨며 들어가는
영원히 집이 없을 사람들이 보인다

바람이 분다 살아봐야겠다

"

"바람이 분다. 살아봐야겠다." 저는 이 싯귀를 폴 발레리라는 시인에게서 한번 듣고 전율을 느꼈고 한국의 오규원 시인에게서 한 번 더 듣고 감동에 젖었습니다. 폴 발레리는 〈해변의 묘지〉라는 장시의 마지막 연에 짧지만 강렬한 저 싯귀를 던집니다. 폴 발레리는 '바람이 분다. 살아야겠다'고 했고 오규원 시인은 이를 받아 살아봐야겠다고 답합니다. 바람이 이들의 가슴을 관통해 우리 가슴까지 뻥 뚫어 버립니다. 우리의 삶은 왠지 바람의 성질을 닮았습니다. 미당 서정주 선생님도 자신을 키운 8할을 바람이었다고 〈자화상〉이라는 시에서 얘기합니다. 김수영 시인은 〈풀〉이라는 시에서 바람이 불기 전에 풀이 알고 더 빨리 누웠다고 말합니다.

새벽 찬 바람을 맞으며 생방송을 하러 가던 날이 기억납니다.

그깟 바람이 무엇이길래 새벽 출근길의 발걸음을 잠시 멈추게 합니다. 바람이 말을 거는 것 같아 잠시 멈출 수밖에 없습니다. 폴 발레리와 오규원은 바람의 사제지간 입니다. 발레리가 던진 바람을 오규원은 '살아야겠다'를 넘어 '살아봐야겠다' 혹은 '살아진다'고 얘기합니다. 이들의 대화를 엿들은 저는 '살아낸다'고 이야기합니다. 그렇죠. 우리는 이 순간순간을 '살아내는' 겁니다. 참 힘겨운 삶이기에 그렇게 이야기합니다. 도저히 견딜 수 없는 삶의 아픔이 '살아낸다'는 말을 하게 합니다. 나도 모르게 흐르는 눈물을 바람이 닦아주고, 다시 마음을 추스르고 힘을 내 살아야겠다는 다짐을 합니다. 마음에 바람이 불 때 저는 폴 발레리와 오규원의 시를 가만히 읊조리며 삶의 의지를 다지곤 합니다.

당신의 시간을 지배하라

고두현 〈20분〉

어스름 달빛에 찾아올
박각시나방 기다리며
봉오리 벙그는 데 17분
꽃잎 활짝 피는 데 3분

날마다 허비한 20분이
달맞이꽃에게는 한 생이었구나

"

당신이 만약 한 달 후에 벼락에 맞아 죽을 운명이라면, 그 남은 한 달을 어떻게 보낼 것인가? 이 말을 듣자마자 우리는 마음이 급해집니다. 시간이 얼마 없다고 생각하면 마음이 더 급해집니다. 우리에게 24시간은 누구에게나 공평하게 주어진 하루입니다. 시간을 지배하는 사람이 세계를 지배하고, 자신의 운명까지도 지배한다는 말이 있습니다. 당신은 지금 시간을 지배하고 있나요? 루시우스 세네카가 이런 말을 합니다. "인간은 항상 시간이 모자란다고 불평을 하면서 마치 시간이 무한정 있는 것처럼 행동한다." 특별히 토를 달 수 없는 분명한 사실입니다.

시간에 관한 서양 연극 중에 자신의 생명이 15분밖에 남지 않은 한 젊은이를 주인공으로 한 〈단지 15분〉이라는 연극이 있습니다. 주인공이 시한부 통보를 받고 남은 시간은 15분밖에 없습니다. 이 상황이 믿기지 않아 멍 때리다가 5분이 지나갑니다. 남은 시간이 10분이었을 때 그의 병실에 한 통의 전보가 날아옵니다. "억만장자인 삼촌이 죽었으니 상속 절차를 밟으시오." 돈이 무슨 소용이겠습니까? 시간은 다시 줄어드는데 또 다른 전보가 도착합니다. "당신의 박사학위 논문이 올해 최우수상을 받게 되었습니다." 그 축하 전보도 전혀 위로가 되지 않습니다. 남은 시간이 몇 분 안 남았을 때 세 번째 전보가 왔습니다. 자신이 그토록 기다리던 연인으로부터 결혼 승낙을 받은 겁니다. 그러나 그 전보를 받고 몇 분 후 그는 15분을 다 채우고 숨을 거둡니다. 저는 이 연극이 우리의 삶을 그대로 응축시켜 보여주는 것 같아 마음이 무거웠습니다. 당신에게 지금의 시간은 무엇입니까? 무엇을 위해 그 시간을 쓰고 계십니까? 지나고 나서 후회하지 마시고 자신을 위해, 자신이 사랑하는 사람을 위해 그 시간을 소중하게 사용하는 게 좋을 거 같습니다.

3장

위대한 말의 힘

말은 우리를 웃기기도 하고 울리기도 합니다. 상처를 줄 수도 있고
위로를 줄 수도 있습니다. 인류 역사상 위대한 지도자와 사상가들은
말의 강력한 힘으로 우리의 감정을 변화시켰습니다.
그들은 말로 자신의 명분에 대한 지지를 얻어냈습니다.
그들은 운명을 개척하려고 말의 힘을 빌렸습니다. 적절한 말 한마디는
마치 감전된 듯, 영적으로나 육체적으로 엄청난 효과를 준다고
마크트웨인이 얘기합니다. 나를 감전시킨 말을 한자리에 모아 봤습니다.

현자賢者란
모든 것에 경탄하는 자이다

앙드레 지드의 말

"저녁을 바라볼 때는 마치 하루가
거기서 죽어가듯이 바라보라.
그리고 아침을 바라볼 때는 마치 만물이
거기서 태어나듯이 바라보라.
그대의 눈에 비치는 것이 순간마다 새롭기를.
현자란 모든 것에 경탄하는 자이다."

"

문장 전체를 다 외우고 싶을 정도로 좋은 말입니다. 저는 민음사의 세계문학전집을 참 좋아하는데 저 구절도 앙드레 지드가 쓴 〈지상의 양식〉에서 발견했습니다. 인생을 꼭꼭 씹어 먹듯이 음미하는 자세가 느껴집니다. 우리 삶은 늘 힘들어서 과거에 집착하거나 미래를 걱정하며 현재를 놓칩니다. 현재에 집중하는 삶이 행복한 삶이라고 말하지만 그게 말처럼 쉽지 않습니다. 앙드레 지드는 같은 책에서 "삶이라는 이 눈부신 기적에 그대는 충분히 감탄하지 않는다."라며 안타까워합니다.

사실 인생은 그다지 특별할 것이 없습니다. 시시한 것들의 반복인데 이 시시한 것들을 정말 시시하게 바라봅니다. 시시한 것들이 반복되니 사는 게 지겹다고 말하기도 합니다. 어제와 똑같이 지하철이나 버스를 타고 출근하고, 그저께랑 비슷한 음식을 먹으며 늘 같은 커피를 마십니다. 그 시시함의 반복 속에 무슨 의미를 찾을 수 있느냐고 물을 수 있습니다. 그러나 그 시시함조차 소유하지 못한 사람도 많습니다. 내 코로 스며드는 맑은 공기, 내 얼굴을 쓰다듬는 바람, 내 몸을 따뜻하게 감싸는 햇살 역시 그것에 감탄하지 않는 사람들 입장에서는 시시한 것에 불과합니다. 세상은 많은 것에 감탄하고 감사할 줄 아는 사람에게 감사할 것을 더 많이 준다고 했습니다. 오늘 내가 만난 새로운 사람, 오늘 내가 읽은 책, 오늘 내가 들은 음악이 그대로 삶의 기적일 수 있습니다.

저는 기자와 뉴스 앵커를 그만두고 정치권에 뛰어들면서 고향 전주로 내려왔습니다. 많은 사람을 만났습니다. 제 손을 잡아 주는 한분 한분이 그렇게 소중할 수 없습니다. 제 이름과 얼굴, 목소리를 기억하며 반갑게 맞이해 주는 고향 분들이 정말 고맙습니다. 이처럼 우리의 일상이, 평범함이, 사사로움이 바로 행복입니다. 시시함의 반복이 기적입니다. 그걸 하찮게 여기면 안 됩니다. 시시함, 평범함을 소중하게 여길 때 거센 폭풍우도 담대하게 헤쳐 나갈 수 있습니다.

내 의지대로 선택했기에
세상 탓을 하지 않는다

황진이의 말

"어찌 후회한 적이 없겠습니까?

인생 전체가 모두 실수라고 생각한 적이 어찌 없겠습니까?

차라리 소실이 되어 큰 집 별채에 얌전히 앉아 한 남자의 사랑을 받으며

고운 시를 지어 나누며 사는 것도 좋았을 것입니다.

잘못한 일일 수도 있으니 후회하지 않습니다.

어떤 길을 택하였던 이제 와서 무엇이 크게 달랐겠습니까?

어떤 길이든 뜻대로, 예상대로 편편했겠습니까?

중요한 것은 잘못된 길이라 해도 내 의지대로 선택했기에

세상에 책임을 전가하지 않으며,

지극히 진지하게 몰두하고 있다는 점입니다. 이 길에서 벗어난다 해도

남의 힘으로 나가지는 않을 겁니다.

그렇게 되면, 나가는 것이 아니라 자리를 옮기는 일에 불과하니까요.

이곳에서 나가면 나는 오직 나 자신에게로 옮겨갈 것입니다."

66

황진이의 이 말을 음미하며 저 이정헌도 황진이만큼 당당했었나 돌아보게 됩니다. 조선의 이팔청춘, 황진이의 거침없이 당당한 말을 한번 들어보십시오. 겨우 열여섯 살에 불과한 처자가 내뱉는 말이 줏대 없이 무책임하게 흔들리는 대한민국 어른들을 꾸짖습니다. 어찌 이리도 당당하십니까? 다 좋은 말이지만, 저는 세상에 책임을 전가하지 않고, 남의 힘으로 나가지 않겠다는 말. 그 말에 심하게 전류가 흐릅니다. 우리네 인생사는 수많은 선택의 갈림길을 거칩니다. 그래서 누군가는 인생을 B^{Birth}와 D^{Death} 사이의 C^{Choice}라고 표현합니다.

자신의 선택에 황진이처럼 당당할 수 있을까요. 저렇게 당당해지려면 자신을 무지 사랑해야 할 겁니다. 선택의 기로에 선 모든 이들에게 황진이의 말을 선물하고 싶습니다. 부디 스스로의 힘으로 세상을 헤쳐 나가시기를... 기녀로서 신분적 제한에도 불구하고 황진이의 삶은 자유분방했던 것 같습니다. 그녀는 뛰어난 용모와 시적 재능으로 양곡陽谷 소세양蘇世讓, 1486~1562, 면앙정俛仰亭 송순宋純, 1493~1583 같은 당대의 시인 묵객들과 교류했고, 그 교류를 통해서 자신의 이름을 알렸습니다. 자기 삶에 대한 자부심이 높았고, 그걸 남성들과의 관계를 통해서 증명하려 했습니다. 고결한 성품을 유지하면서 시정잡배들과의 자리는 천금을 준다고 해도 거절했다는 이야기도 전해집니다. 성격이 활달해 남자 같았으며, 협객의 풍모를 지녀 남성에게 지지 않고 오히려 이들을 굴복시켰던 여인이 바로 황진이입니다.

마음속 생각이 얼굴로 나타난다

정약용의 말

"서당에 다니는 무리는 얼굴이 어여쁘고 장사치는 검다.
목동의 무리는 산란散亂하고 뱃사공이나 마부는 사납고 약삭빠르다.
대체로 익히는 것이 오래되면 그 성품이 날로 옮겨가게 되니,
그 마음속으로 생각하고 있는 것이 겉으로 나타나서
얼굴이 변하게 된다.
사람들은 얼굴이 변한 것을 보고
'얼굴이 저러니 하는 짓이 저렇지' 하지만
그것은 틀린 말이다."

"

사람들이 생긴 대로 논다고요? 천만의 말씀! 정약용 선생이 실학자답게 제대로 반기를 듭니다. 생긴 대로 노는 게 아니고 노는 대로 생긴답니다. 자기가 노는 스타일에 따라 사람 얼굴이 만들어진다는 거죠. 글쟁이는 글쟁이답게, 택시 기사는 택시 기사답게, 은행원은 은행원답게, 앵커는 앵커답게, 정치인은 눈에 봐도 정치인답게 생긴다는 얘기입니다. 스스로 기분 좋은 일을 많이 하고 남을 기분 좋게 하는 일을 많이 하면 누가 봐도 좋은 얼굴이 만들어지겠죠. 좋은 얼굴 만들려면 성형이 문제가 아니고 지금 하는 일을 얼마나 즐겁게 하고 있느냐가 문제입니다.

방송을 하던 저는 뉴스의 내용에 따라 표정이 달라졌던 것 같습니다. 슬프고 우울한 뉴스를 보도할 때면 제 얼굴도 굳어집니다. 기쁘고 희망을 주는 뉴스를 전할 때는 제 얼굴에도 미소가 생깁니다. 자기 얼굴을 자기 자신도 잘 모르는 사람이 많습니다. 외국인들이 우리나라 사람들 얼굴을 보면 마치 싸울 것처럼 굳어 있다고 말합니다. 아마 전쟁 같은 삶에 찌들어서 그럴 수도 있습니다. 원래 흥이 많은 민족인데 요즘 사는 게 만만치 않아서 그럴 수 있습니다. 그래서 시대 상황이 그 시대 사람들의 얼굴을 결정짓는다는 말도 일견 맞는 말 같기는 합니다. 저는 뉴스로 우리 국민의 얼굴을 펴 드리지 못했습니다. 그건 제가 할 수 없는 일이었습니다. 그래서 이제 새로운 정치로 우리 국민의 얼굴을 펴 드리고자 합니다. 절망의 끝에서 희망의 씨앗을 심듯이 우리 국민에게 새로운 희망을 전해드리고 싶습니다.

실패는 추락하는 것이 아니라
추락한 채로 있는 것이다

메릭 픽포드의 말

"설령 아주 중대한 실수를 저질렀다 하더라도
당신에게는 반드시 또 다른 기회가 있다.
우리가 실패라고 부르는 것은 넘어지는 것이 아니라
주저앉는 것이다."

"

저의 수많은 실패를 돌아보며 이 말이 주는 힘을 생각합니다. 실패했지만 추락하지 않았던 제 삶에도 격려의 박수를 보냅니다. 무성영화 시대의 미국 여배우인 메릭 픽포드가 한 말입니다. 누구나 실패하고 실수합니다. 그러나 그 상태로 주저앉아 있어서는 안 됩니다. 무언가 끊임없이 꼼지락거리고 새로운 것을 자꾸 들쑤시고 자기를 즐겁게 만들고 그렇게 해서 다시 날아올라야 합니다. 사람은 완벽하지 않습니다. 그래서 늘 실수합니다. 그런데 의외로 실수에 주눅이 드는 사람이 많습니다. 우리가 저지르는 수많은 실수는 우리 자신을 성장시키는 영양분입니다. 단 한 번도 넘어지지 않고 자전거를 배우는 사람은 없습니다. 장 파울도 실패한 자가 패배하는 것이 아니라 포기하는 자가 패배하는 것이라고 했습니다. 아인슈타인은 한 번도 실수하지 않은 사람은 한 번도 시도하지 않은 사람이라고 했습니다.

저도 제 인생을 돌아보니 참 많은 실수의 연속이었던 것 같습니다. 선택을 잘못한 때도 많았고, 방송에서의 작은 실수들도 있었습니다. 그러나 제 인생철학은 늘 긍정적 정면 돌파였습니다. 실수 그다음이 더 좋을 것이라는 생각을 하며 살았습니다. 실수가 나를 더 크게 만들 것으로 확신했습니다. 실수하는 순간 얼굴을 찌푸리는 것이 아니라 더 좋아질 다음 순간에 대한 희망으로 미소를 지었습니다. 파울루 코엘류가 이런 말을 합니다. 실망, 실패, 절망은 신이 우리에게 길을 보여주기 위해 사용하는 도구라고 말이죠. 오늘도 여러분은 작은 실수들을 했을지 모릅니다. 그래도 그 실수로 인해 절대 우울해하거나 주저앉지 마십시오. 그 실수들이 만들어내는 내일의 희망이 더 큰 선물로 다가올 겁니다.

분노할 일을 넘겨버리지 말라

스테판 에셀의 말

"분노할 일을 넘겨버리지 말라.
찾아서 분노하고 참여하여,
반죽을 부풀리는 누룩이 돼라."

"

스테판 에셀은 프랑스의 사회운동가이자 행동하는 지성입니다. 제가 존경하는 인물 중에 한 분입니다. UN 프랑스 대사 등을 지낸 외교관으로서 1948년 UN 세계인권선언문을 작성했습니다. 편안하게 노년을 보낼 수도 있었는데 아흔 살이 넘은 나이에도 전 세계인에게 '분노하라'는 강한 메시지를 전했습니다. 2010년 그의 나이 92세에 발표한 32쪽 분량의 작은 책 〈분노하라〉는 분노 신드롬을 불러일으켰습니다. 2013년 생을 마감했지만 그의 메시지는 강한 울림으로 여전히 살아 있습니다. 스테판 에셀은 "분노할 일에 분노하기를 결코 단념하지 않는 사람이라야 자신의 존엄성을 지킬 수 있고, 자신이 서 있는 곳을 지킬 수 있으며, 자신의 행복을 지킬 수 있다"고 강조했습니다. 그러면서 "분노할 일을 넘겨버리지 말라. 찾아서 분노하고 참여하여 반죽을 부풀리는 누룩이 되라"고 말했습니다.

무관심은 최악의 태도이며, 참여의 기회를 포기하는 겁니다. 그는 또 정치에 대한 욕구를 회복해야만 하며, 정치 없이는 진보가 있을 수 없다고 주장했습니다. 우리가 정치에 참여하는 방법은 정당 가입뿐만 아니라 여러 가지가 있을 수 있습니다. 시민 사회단체나 비영리단체를 지원하는 것도 한 방법입니다. 사회적 공동 가치와 철학, 비전을 함께 공유하고 추구하는 노력도 기본적인 정치 참여입니다. 스테판 에셀은 다른 책 〈포기하지 마라〉에서 사회 부조리에 대한 분노와 함께 구체적인 행동을 촉구합니다. "분노만으로 충분하지 않다. 만약 누군가 세상을 바꾸기 위해 거리에서 시위하는 것만으로 충분하다고 믿는다면, 그것은 착각이다. 분노가 진정한 참여로 변모되는 것이 필요하다. 변화는 노력을 필요로 한다. 소수 독점 지배 세력을 거부한다는 우리의 의사는 분명하다. 그러나 동시에 국가의 상황을 변화시킬 수 있는 경제와 정치에 대한 의욕적인 비전을 제시해야만 한다. 항의에만 머물러서는 안 된다. 행동해야만 한다."

희망을 주는 얘기들로
서로의 기를 살려줘야 한다

어느 붕어빵 아주머니의 말

"살아오면서 돈이 있었던 날보다
없었던 날이 많았지만
희망을 잃은 적은 없다.
힘들다는 얘기보다는
희망을 주는 얘기들로
서로 기를 살려줘야 한다."

"

2008년 '제야의 종'을 시민 대표로 타종한 붕어빵 아주머니 이문희 씨의 말씀이 2023년에도 되살아나 축 처진 우리에게 또 다른 긍정 에너지를 줍니다. 이문희 씨는 충북 영동 중앙시장에서 붕어빵 장사를 했습니다. 소녀 가장 시절 주위로부터 받은 도움을 잊지 않고 붕어빵을 팔아 번 돈의 일부를 꾸준히 기부해 왔습니다. 500원짜리 동전을 돼지 저금통에 가득 모아 충북 영동읍사무소에 계산도 안 하고 전달합니다. 읍사무소는 이 돈을 독거노인을 돕는데 사용했습니다. 그는 기부에 대해 이렇게 말합니다. "손님들에게 받은 500원짜리는 내 돈이 아니라 이웃들의 돈이었고 원래 주인들에게 돌려주는 것뿐입니다."

당시 그녀가 제야의 종을 울린 뒤 국민에게 전한 새해 덕담도 화제가 됐습니다. "건강하기만 하면 아무리 어려워도 희망을 가질 수 있습니다. 올해는 작년보다 나을 것이라는 희망을 품고 살아야만 사람이 힘이 나고 일할 힘도 생깁니다. 어렵더라도 희망을 품어야 합니다." 그는 힘겨웠던 시절 받았던 도움의 손길을 생생하게 기억합니다. "10대 때 부모님이 돌아가시고 소녀 가장이 돼서 동생이랑 어렵게 컸어요. 그때 주위에서 줬던 라면 몇 개, 국수 한 그릇이 당장 먹을 것이 없어 굶어야 했던 저와 동생에게 큰 도움이 됐죠. 그래서 형편이 나아지면 어려운 사람들을 도와야겠다고 마음먹곤 했어요." 그가 붕어빵 장사를 거르지 않는 이유 역시 어려운 처지의 손님들 때문입니다. "돈을 더 벌려는 것이 아니라 붕어빵 1,000원어치로 한 끼 식사를 때우러 오는 할머니들이 많아서 장사를 쉴 수가 없어요. 붕어빵이 아니면 끼니를 때우기 어려운 분들과의 약속이라고 생각하고 날이 궂어도 장사를 하고 있어요."

사람 씨앗은 따로 고르지 않는다

윤구병의 말

"사람 농사가 다른 농사와 다른 점은
씨앗 고르는 과정이 빠진다는 것입니다.
어떻게 사람이 다른 사람의 씨앗을 좋고 나쁘다고
판가름할 수 있겠습니까?
저는 우수한 인재를 뽑아 교육시킨다는 오만한
교육이념이나 정책을 받아들일 수 없습니다.
지난 200년을 뺀 나머지
인류의 수만, 수십만 년에 걸친 교육역사에서
〈사람 씨앗을 따로 고르지 않는다〉는 것은
교육의 가장 큰 전제였습니다."

66

변산공동체학교의 윤구병 선생님이 자식 농사, 사람 농사에 대해서 한 말씀 하십니다. 초등학교 아이들도 경쟁을 시키고, 학교 서열화로 아이들의 가슴에 상처를 주는 요즘의 몹쓸 교육행태에 제대로 회초리를 드십니다. 성적은 행복순이 아니라고 노래를 부르면서 뒤로는 호박씨 까는 저질 줄 세우기 교육은 박정희전 대통령도 부르짖은 '타고난 저마다의 소질을 개발' 하려는 인성, 창의력 교육을 무참하게 무너뜨립니다. (박정희 전 대통령의 교육이념이 옳다는 것이 아니라 국민교육헌장 문구 그대로의 의미가 그렇다는 겁니다.)

변산공동체학교 졸업생 중에서도 명문대와 예술학교에 진학하거나 사법시험에 합격한 아이들도 있습니다. 윤구병 선생님은 그것을 성과라고 생각하지 않습니다. 졸업생 대부분은 방학 때면 내려와서 후배들을 가르치고 마을 주민들의 농사일을 거듭니다. 서로 배려하고 도우면서 살아야 한다는 가르침대로 살려는 것이지요. 변산공동체학교의 아이들에게 대학 진학은 목표가 아닙니다. 자연 속에서 창의력과 자발성을 기른 아이들이 마음만 먹으면 1년 만에도 공부해서 대학에 갈 수 있습니다. 자연을 닮은 아이들이 세상에 나가 사회를 좀 더 따뜻하고 평화로운 곳으로 만드는 데 일조한다면 그것으로 족하다는 것이 윤구병 선생님의 교육 철학입니다.

우리 아이들은 어떤 꽃으로 어떻게 필지, 씨앗일 때는 모릅니다. 씨앗을 선별하는 지금의 교육 시스템이 하루빨리 바뀌었으면 합니다. 우리 아이들을 극심한 스트레스로 내몰고 있습니다. 아이들을 살리는 교육이 필요합니다.

시각 장애인은 시력이 없는 사람이 아니라 비전이 없는 사람

헬렌 켈러의 말

"진정한 시각 장애인은
시력이 없는 사람이 아니라,
비전이 없는 사람이다."

저는 이 말이 참 강하게 다가옵니다. 헬렌 켈러는 이런 말도 했습니다. "계속해서 위험을 회피하는 것은 닥치는 위험보다 더 위험하다." 또 이렇게 얘기합니다. "용기와 모험심이 없다면 인생은 아무것도 아니다. 고개를 숙이지 말고, 세상을 똑바로 바라보면서, 세상을 정면으로 바라보면서 당당한 비전을 가지고 살아라." 저도, 당신도 비전이 없다면 장애인입니다. 헬렌 켈러는 청각장애와 시각장애 그리고 언어장애까지 3중 장애를 가지고 있었는데 설리반 선생님의 가르침으로 사랑을 배우고, 희망의 빛을 발견합니다. 그녀는 자신과 같은 장애를 가진 사람을 위해 살겠다는 비전을 품었습니다. 이후 장애를 극복하고, 하버드대학을 우수한 성적으로 졸업해 세상을 놀라게 했고 장애인들의 복지를 위해 전 생애를 바쳤습니다.

어떤 사람이 헬렌 켈러에게 물었습니다. "앞을 보지 못하는 시각장애보다 더 큰 불행이 무엇이라고 생각하는가?" 이때 그가 주저하지 않고 이렇게 답했습니다. "시력은 있되 비전이 없는 사람이다." 비전이 없다는 것은 소망이 없다는 것이고, 목표도 없다는 것입니다. 비전은 영혼의 안경입니다. 비전이 있어야 가능성을 볼 수 있습니다. 비전이 있어야 돌 더미 밑의 보석을 볼 수 있습니다. 비전이 있어야 잡초 속의 네잎클로버도 볼 수 있습니다. 설계가 없으면 건물을 지을 수 없듯이 비전이 없으면 성공적인 인생은 건축되지 않습니다. 비전 안에 우리의 미래가 담겨져 있습니다. 이 세상에서 제일 무서운 병은 절망이라고 했습니다. 우리는 어떤 경우에도 희망을 가져야 합니다. 헬렌 켈러가 그렇게 하라고 가르칩니다. 우리는 현실이 아무리 어려워도 믿어야 합니다. "살길은 반드시 있다. 비전은 반드시 이뤄진다."

네가 정말 좋아하는 일을 해라

헤밍웨이의 말

"네가 정말 좋아하는 일을 하는 한
네가 무엇을 하는가는 별로 중요하지 않다.
네가 생각하기에 가치 있고 생산성 있는 일이라면 말이다.
소견 좁은 놈들이 무슨 말을 하든 간에
이 세상에 가치 있는 일은 많다.
돈에 대한 걱정은 하지 마라.
새를 관찰하는 일이 좋아서 새만 바라보고 있다 실패한다면
내가 먹여 살려주마.
네가 정말 무엇을 하고 싶은지 생각해 봤니?"
- 헤밍웨이가 당시 고3이었던 아들에게

"

헤밍웨이의 이 말을 이 세상 모든 고3에게 선물하고 싶습니다. 아들에게 한 말이지만 저에게도 해당됩니다. 하고 싶은 일을 하면 돈은 저절로 따라오게 되어 있습니다. 20세기 폭스사의 대표인 데이비드 켈리도 이런 말을 합니다. "여러분이 '되고' 싶은 것을 정하지 마십시오. 대신 여러분이 '하고' 싶은 것을 정하십시오. 늦지 않았습니다." 여러분도 지금부터라도 '정말 하고 싶은 것'을 찾아보시길 바랍니다. '되고' 싶은 것보다 '하고' 싶은 것이 중요합니다. 그런데 아들은 아버지 마음대로 되지 않습니다.

헤밍웨이의 아들은 참 처참한 인생을 살았다고 합니다. 2001년 9월 말 미국의 한 도로에서 손에 하이힐을 들고 벌거숭이 모습으로 앉아 있던 노인이 체포됩니다. 짙게 화장을 한 이 할머니는 소설가 헤밍웨이의 아들 그레고리였습니다. 심각한 정신질환에 시달리다 63세의 나이에 성전환 수술을 받은 그는 이 일로 구치소에 수감되어 있던 중 쓸쓸하게 사망했다고 하네요. 헤밍웨이가 아들에게 건넨 충고가 사람들 사이에 알려진 적이 있습니다. 그 내용을 옮겨 봅니다. "절대 백인 남자를 믿지 말고, 유대인을 죽이지 말고, 계약서에 서명하지 말고, 좌석을 빌리지 마라. 군대에 입대하지 말고, 아내를 여럿 만들지 말고, 잡지에 기고하지 말고, 두드러기를 긁지 마라. 변기 위에는 꼭 종이를 깔고, 전쟁 따위는 믿지 말고, 네 자신을 청결하고 단정하게 유지하고, 창녀와는 절대 결혼하지 마라. 협박범에게 돈을 주지 말고, 법률소송에 휘말리지 말고, 출판사는 결코 믿지 마라. 그랬다간 지푸라기 위에서 자는 신세가 될 거야. 친구들은 언젠가 널 떠날 테고, 네 친구들은 모두 죽을 테니, 깨끗하고 건전하게 살다가 하늘나라에서 친구들과 만나렴." 아들을 사랑하는 아버지의 마음이 그대로 느껴집니다. 제 두 아들에게도 어떤 충고를 남길지 깊이 생각해 봐야겠습니다.

간소하게, 간소하게, 간소하게 살라

헨리 데이비드 소로의 말

"간소하게, 간소하게, 간소하게 살라!
제발 바라건대 여러분의 일을 두 가지나 세 가지로 줄일 것이며,
백 가지나 천 가지가 되도록 하지 말라.
백만 대신에 다섯이나 여섯까지만 셀 것이며, (중략)
간소화하고 간소화하라.
하루에 세 끼를 먹을 게 아니라 필요할 때 한 끼만 먹어라.
백 가지 요리를 다섯 가지로 줄여라.
그리고 다른 일들도 그런 비율로 줄이도록 하라."

"

미국 매사추세츠 주 콩코드 남쪽에 위치한 월든^{Walden}이라는 작은 호숫가에서 썼다는 〈월든〉에서 헨리 데이비드 소로는 "간소하게, 간소하게, 간소하게 살라!"고 강조합니다. 소로는 물질에 대한 과도한 욕망이 인간을 불행하게 만든다고 얘기합니다. 현재 내가 가진 것에 만족감을 느낄 줄 알고, 자기의 삶에 만족할 줄 알고, 내 삶에 대한 진정한 열정이 있다면 더 이상 물질에 연연하지 않게 된다고 강조합니다. 〈월든〉은 1854년에 출간된 책이지만, 1백 70년 가까이 지난 이 시대에 극단적 물질주의로 치닫는 한국에서 더 크게 주목받고 있습니다. 기후변화나 환경에 대한 관심도 이 책을 주목하게 했을 겁니다. 자연을 예찬하면서 일의 노예가, 직장의 노예가, 돈의 노예가 된 현대인들에게 던지는 소로의 묵직한 질문에 여러분은 어떤 답을 하실 수 있나요?

2021년 대한민국에는 아파트 가격이 너무 올라 행복한 비명을 지르는 사람이 많았습니다. 그런데 불과 1년 후 자이언트 스텝 (기준 금리를 0.75%포인트 올리는 것) 등으로 몰아닥친 고금리의 거대한 파도로 10억 원이 넘는 아파트의 거래 가격이 3억, 4억 원씩 뚝뚝 떨어졌습니다. 영혼까지 끌어모아 코인에 투자한 젊은이들은 더 큰 상실감을 맛보았습니다. 물질의 추락은 정신까지 온전하지 못하게 합니다. 손가락 하나면 물건을 살 수 있는 세상이다 보니 우리는 적당하게 만족하는 법을 잊어버렸습니다. 소로가 강조한 '간소하게 살기'는 비움과 미니멀라이프를 지향합니다. 진정한 만족은 물질의 많고 적음에 있지 않습니다. 행복한 사람의 마음과 그의 생활에는 공통적으로 만족함이 있습니다. 만족하기 위해서는 마음속에 있는 욕심과 탐욕을 비워야만 합니다. 그래서 소크라테스도 이런 말을 했던 것 같습니다. "가장 적은 것으로도 만족하는 사람이 가장 부유한 사람이다."

생명이 있는 동안은 행복이 있다
톨스토이의 말

"우리는 익숙해진 생활에서
쫓겨나면 절망하지만
실제는 거기서 새롭고 좋은 일이 시작되는 것이다.
생명이 있는 동안은 행복이 있다."

"

"나의 삶은 정지되어 버렸습니다." 세계적인 대문호 톨스토이
도 사는 게 두려웠고, 삶에서 도피하려고 했다는 사실을 아십니
까? 그는 삶의 목적에 대한 답을 반평생 찾아 헤맸고 그 기나긴
여정을 담아 쓴 책이 〈고백록〉입니다. 톨스토이는 젊은 시절부터
늘 도덕적인 완전함을 추구했습니다. 그 완전함이 다른 사람보다
중요했고, 유명하고 부유한 사람이 되고자 하는 욕망으로 바뀝니
다. 청년 시절에는 그 완전함을 종교 안에서 추구했는데 사제들
의 부도덕함을 발견하게 됩니다. 형의 죽음 이후에는 진보에 몰입
했습니다. 고백록에서 이런 이야기를 합니다. "모든 것은 진보하
고, 나도 모든 것과 함께 진보한다. 내가 모든 것과 함께 진보하
는 이유는 언젠가는 알게 될 것이다."

그는 점점 삶에 대한 의문이 들기 시작합니다. 개인의 삶에 대

한 번민과 한계, 절망을 딛고 톨스토이는 사회를 바라봅니다. 사회적 약자들의 성실함에서 삶의 의미를 겨우 찾기 시작합니다. 땀 흘려 일하는 무수히 많은 사람의 삶이야말로 참된 삶이라는 사실을 발견합니다. 그리고 이런 말로 삶의 의미를 정의합니다. "인간이 모든 사람을 위해 일할 때, 나는 그런 인간은 행복하고 그의 삶은 의미가 있다는 것을 아주 분명하게 느낍니다." 모든 사람을 위해서 일하는 그 행복, 저도 톨스토이의 깨달음을 통해 정치의 본질과 목적에 대한 정답을 찾게 됩니다. 인생을 송두리째 바쳐서 얻은 그의 깨달음이 저에게도 새로운 도전의 지렛대가 되고 있습니다. 우리는 살아있는 한 무엇이든 할 수 있습니다. 스스로 자신의 삶을 건강하게 지켜온 사람이라면 조금 시간이 더디더라도 자기만의 길을 묵묵히 걸어가면 됩니다. 죽으면 아무것도 할 수 없지만, 생명을 가지고 있는 한 우리는 하고 싶은 일을 하면서 모두의 행복을 창조할 수 있습니다.

성공보다 성장을 먼저 생각해라

손웅정의 말

"성공 안에서 길을 잃고 헤매지 말라.
그것이 곧 안주하는 것이다.
그렇게 하기에는 아직 갈 길이 멀다.
성공을 먼저 생각하지 말고 내 성장을 생각해라."

"

그렇습니다. 우리는 성공에만 매달리는 것 같습니다. 그것도 내가 인정하는 성공이 아니라 남이 알아주는 성공을 위해 옆이나 뒤도 안 돌아보고 앞만 보고 달립니다. 축구 선수 손흥민의 아버지 손웅정 씨는 아들이 그동안 이룬 성과에 만족해 그 자리에 주저앉을까 두려웠다고 말합니다. 특히 팬들의 환호성이 커질 때마다 그 두려움은 더욱 커졌습니다. 그래서 아들에게 성공 안에서 길을 헤매지 말고 매 순간 성장을 위해 노력하라고 강조했습니다. 우리는 늘 조금씩, 조금씩 전진합니다. 어제보다 나은 오늘, 오늘보다 나은 내일을 위해 지금 이 순간 최선을 다합니다. 하루하루 자기 삶을 새롭게 만들어가는 그 과정이 사실은 성공입니다. 그런데 우리는 어떤 성과를 거두면 그 기쁨에 빠져 나아가야 할 방향을 잃게 되는 경우가 많습니다. 인생은 작은 성과 하나를 얻으려고 달려가는 게 아닙니다. 남들이 칭찬하고 환호하면 우쭐대다가 자기중심을 잃게 되고 제자리로 돌아오지 못하기도 합니다.

　사람을 끔찍하게 망치는 것이 오만입니다. 오만이 얼마나 독한 종자냐면 죽어서 관속에 들어가도, 그로부터 세 시간이 지나고 나서야 뒤늦게 관속에 들어가는 것이 오만이라고 합니다. 죽어서까지도 놓지 못하는 부질없는 오만. 도대체 무슨 소용이 있겠습니까? 성공보다 먼저 갖춰야 할 것은 성장하겠다는 마음입니다. 나를 넘어서기 위해, 나를 발전시키기 위해 부단히 노력하고, 공부하고, 연습하는 것이 인생에서 성공보다 더 중요한 성장입니다. 상을 받고 찬사를 받는 것은 그때뿐입니다. 우리는 더 멀리 봐야 합니다. 멀리 보려면 성공보다 성장에 집중하는 자세가 필요합니다.

삶이 녹슬지 않게 하라

법정 스님의 말

"우리 모두는 늙는다.
그리고 언젠가 자기 차례가 오면 죽는다.
그렇지만 우리가 두려워할 것은 늙음이나 죽음이 아니다.
녹슨 삶을 두려워해야 한다.
삶이 녹슬면 모든 것이 허물어진다."

"

녹이 슬었다는 것은 관리가 잘 안 되었다는 얘기입니다. 녹이 슨 대문을 한번 보십시오. 녹이 슬어 철문이 발갛게 삭아 내린 모습은 아주 몰골이 흉합니다. 기름칠하고 닦지 않으면 쇠는 녹슬게 되어 있습니다. 사람들은 늘 자기관리를 하며 살아야 합니다. 그렇지 않으면 세상의 오염된 풍파에 금방 녹이 슬게 되어 있습니다. 녹이 철을 갉아먹듯이 오염된 생각과 가치들은 그 사람의 정신을 갉아먹습니다. 우리가 신앙생활을 하고 독서를 하는 이유는 자기 삶이 녹슬도록 내버려 두지 않기 위함입니다. 삶을 녹슬게 내버려 둔다는 것은 자신의 인생을 스스로 파괴하는 것과 같습니다. 게으름, 거짓말, 나르시시즘, 남을 비난하는 것, 부정적인 생각 등이 인생을 녹슬게 하는 것들입니다. 이런 나쁜 것들이 내 속으로 들어오지 못하게 하려면 기도하고, 책을 읽고, 봉사하고, 운동하는 수밖에 없습니다.

내일 일은 아무도 알 수 없습니다. 내 앞에 어떤 재난이 닥칠지 아무도 예상할 수 없습니다. 참 위험하고 힘겨운 세상을 살고 있지만 그렇다고 속절없이 당하면서 앉아 있을 수는 없지 않겠습니까? 두려움과 게으름을 떨쳐내는 가장 좋은 방법은 지금 하는 일에 집중하는 것입니다. 지금 당신이 누리는 이 순간을 꽃처럼 새롭게 피어나게 하면 됩니다. 법정 스님이 말씀하신 것처럼 매 순간 자기 영혼을 가꾸는 일에 더 집중하면 됩니다. 당신이 받을 수 있는 모든 교육을 받고 항상 변화해야 합니다. 한곳에 머물지 말고 세상을 위한 좋은 일을 만들어야 합니다.

태양이 비추지 않는다 해도
태양을 믿습니다

유대인의 말

"비록 그분이 침묵할지라도
나는 태양이 비추지 않는다 해도 태양을 믿습니다.
나는 사랑이 주변에 없는 듯 느껴져도 사랑을 믿습니다.
그리고 나는 그분이 침묵하신다고 하더라도 하나님을 믿습니다."

"

미국 시카고 한 교도소에서 교도소 창립일을 맞아 기념행사를 준비했습니다. 죄수들에게 바라는 것이 무엇인지 물었습니다. 죄수들은 한참 동안 의견을 주고받은 뒤 일제히 소리를 질렀습니다. "교도소 대문을 열어라 ～" 답답한 감방을 벗어나 세상 밖으로 나갈 수 있는 유일한 통로, 교도소 대문이 열리는 것이 죄수들의 희망이었습니다. 언젠가 대문이 열릴 것이라는 그 희망이 없다면 하루하루를 살아가기 힘들었을 겁니다. 토마스 카라일은 '인간은 희망에 기초를 둔 존재'라고 말했습니다. 어떤 희망이든, 그 희망이 인간 삶의 기초라는 이야기입니다.

제2차 세계대전 때 영국군과 미국군 포로 2만 명이 수용돼 있던 일본군 포로수용소에서 무려 8천명이 죽었습니다. 그들의 사망 원인은 영양실조와 질병, 과로가 아니라 절망이었다고 합니다. 나치 독일의 포로수용소에서 유대인 6백만 명이 학살됐는데, 지하 감옥 벽에서 손톱으로 그린 듯한 '다윗의 별'이 발견됐습니다. 그림 바로 밑에는 다음과 같은 유대인의 기도문이 적혀 있었습니다. "나는 태양이 비추지 않는다 해도 태양을 믿습니다. 나는 사랑이 주변에 없는 듯 느껴져도 사랑을 믿습니다. 그리고 나는 그분이 침묵하신다 하더라도 하나님을 믿습니다." 유대인들은 이 기도문을 붙잡고 불안과 초조의 날들을 보냈습니다. 절박함과 간절함이 담긴 기도문은 각박하고 힘겨운 삶을 살아가는 지금 우리에게도 강렬하게 와 닿습니다. 아무리 고통스러워도 절망하지 말아야 하는 이유를 생각하게 합니다. 그들에게 슬픔은 슬픔만이 아닌 감사와 믿음이었습니다. 우리는 죽음의 수용소에 갇혀서도 희망의 끈을 놓지 않았던 유대인들처럼 현실의 거대한 장벽 너머, 더 넓은 세상을 바라보는 비전의 눈을 떠야 합니다. 눈에 보이는 것이 결코 전부가 아니기 때문입니다.

진정한 여행은
새로운 시각을 찾는 것이다

마르셀 푸르스트의 말

"진정한 여행은
새로운 풍경을 찾는 것이 아니라
새로운 시각을 찾는 것이다."

"

저는 여행을 참 좋아합니다. 여행은 인생의 쉼표와 같습니다. 잠시 일에서 벗어나고 싶을 때 가족과 함께 어디론가 훌쩍 떠나곤 합니다. 동해안을 한 바퀴 돌고 오면 그동안 제가 못 보던 세계가 보이곤 합니다. 소설 〈잃어버린 시간을 찾아서〉의 저자인 마르셀 푸르스트도 여행을 좋아했나 봅니다. 아마 글이 써지지 않을 때 새로운 시각을 찾기 위해 여행길에 나섰을 것이라 생각합니다. 여행에서 얻는 새로운 시각이란 새로운 삶의 의미일 겁니다. 여행을 하다 보면 새로운 것을 보고, 듣고, 느끼고, 경험하게 됩니다. 시간의 추격전에서 잠시 벗어나는 그 순간에 전혀 다른 세상, 전혀 다른 나를 발견합니다. 일상의 굴레에서 벗어나 온갖 집착으로부터 해방됩니다. 아무런 수식어도 필요 없는 내 자신과 담담히 마주합니다.

낯선 도시의 낯선 버스 정류장은 새로운 자극을 줍니다. 작은 시골 마을의 낮은 건물들 사이를 지나면서 타임머신을 타고 어린 시절로 4차원 여행을 떠나는 듯 착각에 빠지기도 합니다. 정말 엉뚱한 곳에서 의외로 내일을 살아갈 에너지를 얻게 됩니다. 사람들의 거친 틈바구니와 메마른 도시에서 지치고 절망했던 영혼에 신선한 산소를 공급받습니다. 우리의 인생은 여행과 비슷합니다. 특정한 목적지에 도달하는 것이 중요한 것이 아니라 그곳까지 가는 과정이 소중합니다. 이해관계가 얽히고설키지 않은, 어쩌면 두 번 다시 만날 수 없을지도 모를 사람을 우연히 만나 시간과 공간을 함께하는 기쁨도 가슴 뛰게 합니다. 알랭드 보통은 이런 말을 했습니다. "여행은 일과 생존 투쟁에서 벗어난 삶이 어떤 것인가를 보여준다." 지금 당장 짐을 싸서 또 어디론가 떠나볼까 합니다. 생각만 해도 기분이 좋아지고 행복합니다.

민주주의 최후의 보루는
깨어있는 시민의 조직된 힘

노무현의 말

"민주주의 최후의 보루는
깨어있는 시민의 조직된 힘입니다.
이것이 우리의 미래입니다."

"

저는 기회 있을 때마다 '깨어있는 시민의 조직된 힘'을 강조합니다. 아무리 잘나고 똑똑한 사람이라도 절대 혼자서는 할 수 없는 것이 정치이기 때문입니다. 역사의 물꼬를 올바른 방향으로 이끄는 힘은 참되고 바른 생각을 가진 시민들의 단합과 참여를 통해 만들어집니다. 이 말의 원작자는 노무현 전 대통령입니다. 대통령직에서 물러나기에 앞서 국민에게 당부했던 말입니다. 그는 깨어있는 시민, 참여하는 시민, 시민 민주주의를 여러 차례 강조했습니다. 2007년 6월 16일, 제8회 노사모 총회에 축하 영상메시지를 보냈습니다. 이때 "민주주의 최후의 보루는 깨어있는 시민의 조직된 힘입니다. 이것이 우리의 미래입니다."라고 연설했습니다.

노 대통령은 시민들의 지지와 참여로 탄생한 참여정부의 노력과 성과를 역사에 새기듯 하나하나 힘주어 말했습니다. 후진국 수준에 머물러 있는 정치개혁, 복지개혁, 언론개혁의 필요성도 강조했습니다. 그런데 10여 년이 훌쩍 지난 지금까지도 노무현 대통령이 그토록 바랐던 개혁들은 제대로 이행되지 않고 있습니다. 어느 것 하나도 성과를 거두지 못하고 있습니다. 역사는 끊임없이 흘러갑니다. 그런데 깨어있는 시민들이 국가 권력을 제대로 감시하고 견제하지 않으면 역사의 시계는 언제든지 거꾸로 돌아가게 됩니다. 우리 민주주의는 더욱 발전해야 합니다. 대화와 타협, 관용, 통합의 방식을 통해 진정으로 국민이 주인 되는 민주주의를 완성해야 합니다. 그러기 위해서는 지금 이 순간에도 '깨어있는 시민의 조직된 힘'이 절실합니다.

버텨라. 끝내 버티면 이긴다

앤드류 매티스의 말

"탁월한 성취 뒤에는
언제나 끈덕지게 버티는 힘이
숨어 있는 법.
버텨라. 끝내 버티면 이긴다."

"

2022년 11월 4일, 경북 봉화군 아연 광산 매몰사고로 지하 190m 아래 갱도에 고립됐던 두 명의 광부가 221시간 만에 구조됐습니다. 유일한 식량은 커피믹스 30개. 추위와 배고픔을 견디며 생존을 위한 사투를 벌인 끝에 기적처럼 생환했습니다. 언제 구조될지 모를 공포 속에서도 이들은 버티고 또 버텼습니다. 생존자 중 한 명인 27년 경력의 광부 박정하 씨는 식량과 연료가 떨어져 가는 것을 지켜보면서 두려움을 느꼈다고 말했습니다. "우리 곁에 있던 것들이 한 가지씩 전부 없어지는 상황이었죠. 옷을 말리면서 처음으로 후배한테 우리 희망이 없어 보인다고, 대비하자고 했습니다. 그 얘기를 하는 순간 두려움과 공포가 한순간에 몰려오는데 가슴이 터질 것 같았습니다."라고 회상했습니다. "죽는 게 이런 거구나 싶어 진짜 무서웠습니다. 신에게 1분만 살려달라고, 아내 손잡고 고생시켜서 미안하다고 말할 시간만 달라고 빌었습니다."라고 덧붙였습니다. 그렇게 절망의 그림자가 짙어지고 있을 때 가까운 곳에서 '빵파~' 소리가 울려 퍼졌습니다. 곧이어 불빛이 비쳤고 박정하 씨와 후배는 구조대에 발견됐습니다. 희망의 끈을 놓지 않고 끈덕지게 버틴 끝에 사랑하는 가족을 다시 만날 수 있었습니다.

그렇다면 지금 우리는 잘 버티면서 살고 있을까요? 가늘고 길게 가는 것을 잘 버틴다고 말하는 사람도 있지만 저는 자기만의 힘줄을 가지고 버텨야 한다고 생각합니다. 자기만의 힘줄이 바로 목표이고 열정입니다. 마라톤을 해보신 분들은 잘 아시겠지만 초반에 너무 힘을 쓰면 막판에 지쳐서 완주하지 못합니다. 자기 페이스를 잘 알아야 합니다. 버티겠다는 마음을 먹어도 무조건 버틸 수 있는 것은 아닙니다. 한때 '1만 시간의 법칙'이 유행했습니다. 1만 시간을 투자해 노력하면 무엇이든지 못할 것이 없다는 얘기입니다. 그런데 그 1만 시간을 채우는 것도 간절함이 있어야 달성할 수 있습니다. 지치지 않고 꾸준히 해야 합니다. 처음부터 너무 힘주지 말고 적절하게 힘을 안배하는 지혜도 필요합니다. 에이브러햄 링컨 미국 대통령은 "빠른 자가 승리하는 것이 아니라 꾸준히 걷는 자가 승리한다."고 강조했습니다.

인생의 가장 큰 영광은
넘어질 때마다 일어서는 것이다

넬슨 만델라의 말

"나는 대단한 사람이 아닙니다.
단지 노력할 뿐입니다.
인생의 가장 큰 영광은
넘어지지 않는 데 있는 것이 아니라
넘어질 때마다 일어서는 데 있습니다."

"

우리는 살다 보면 수시로 고난의 시기를 맞이합니다. 평범한 소시민도 그렇고 대통령도 그렇습니다. 직장생활을 할 때도 늘 넘어지고 깨지고 다칩니다. 몸과 마음을 모두 다칠 때도 많습니다. 그럴 때마다 서랍 속에 넣어두었던 사직서에 손이 가곤 합니다. 오만하고 우쭐대다가 넘어지기도 합니다. 초보 운전자는 원래 사고가 잘 안 납니다. 늘 조심조심 거북이 운전을 하니 사고 위험이 낮은 겁니다. 대부분의 교통사고는 베테랑들이 냅니다. 운전에 자신 있다고 막 달리다가 신호도 어기고 옆 차도 들이박습니다. 넬슨 만델라 남아프리카공화국 대통령은 제가 존경하는 정치인 중에 한 분입니다. 인생 자체가 역경으로 채워진 분입니다. 30년 가까운 세월을 감옥에서 보내고 다시 세상에 나와 대통령까지 지냈습니다. 흑인과 백인의 갈등을 극복하며 남아공의 분열을 막았습니다. 1993년 흑인들에게 투표권을 부여하는 민주헌법 제정에 힘을 쏟아 노벨 평화상도 받았습니다. 넬슨 만델라 대통령은 많이 넘어지고 고난의 시간을 보냈지만 끝내는 일어선 분입니다.

위기가 닥치면 우리는 본능적으로 주춤하면서 한 걸음 물러섭니다. 그 한 걸음이 두 걸음, 세 걸음이 되고 결국은 현실을 외면한 채 도망치는 지경까지 몰립니다. 물러서지 말아야 합니다. 넘어졌다면 넘어진 그 자리에서 다시 일어서면 됩니다. 4전5기의 신화 홍수환 선수를 생각해 보십시오. 칠전팔기의 오뚝이 정신으로 수많은 위기를 극복해온 우리 국민의 DNA를 되살려야 합니다. 코로나19, 경기 침체, 고금리 등으로 먹고 살기가 더 힘들어졌습니다. 그러나 이 위기도 언제 그랬냐며 멋지게 이겨낼 수 있을 겁니다.

시간이여, 비행을 멈춰다오

알퐁스 드 라마르틴의 말

"시간이여, 비행을 멈추어라.
그리고 너 행복된 시절이여, 운행을 중지하라.
우리 생애에서 가장 아름다운 날의
이 덧없는 희열이나마 우리 좀 맛보게 해다오."

"

저도 나이 50세를 넘기면서 인생의 속도가 갈수록 빨라짐을 느낍니다. 그런데 60대와 70대 선배들을 보면 결코 할아버지나 할머니 같지 않습니다. 평균 수명이 늘어나고 노년의 삶이 길어져서 그럴 겁니다. 출생률이 매년 최저치를 경신하고 고령화는 가속도가 붙고 있습니다. 앞으로 우리 사회가 풀어가야 할 중차대한 문제입니다. 정치권은 급격한 인구 감소를 막고 고령화 문제를 해결하기 위해 이념을 떠나 공동으로 대응해야 합니다. 2050년에는 이 지구상에 어린아이보다 노인이 두 배로 많을 것이라는 보고도 있습니다. 그래서 어떤 작가는 노인이라고 해서 다 같은 노인이 아니고 죽을 날이 얼마 남지 않은 사람들만 진짜 노인이라고 얘기합니다.

시인이자 정치가인 알퐁스 드 라마르틴은 "오, 시간이여, 비행을 멈춰다오."라고 말했습니다. 엄청 빠르게 흘러가는 시간을 잡고 싶은 마음은 간절하지만 그럴 수도 없는 것이 현실입니다. 그런데다 60세가 넘어도 일하지 않으면 이제 먹고살기도 힘든 시대가 됐습니다. 하지만 생각을 바꾸면 나이가 들어도 얼마든지 새로운 인생을 시작할 수 있습니다. 운명을 개척하기에 결코 늦은 나이란 없습니다. 노년은 전통적으로 느림의 시기였습니다. 느릿하게 걷고 느릿하게 살았습니다. 그런데 요즘 지하철이나 버스를 타면 노인들 손에도 어김없이 스마트폰이 들려있습니다. 유튜브를 보거나 소셜미디어 소통에 푹 빠져 있습니다. 머리만 희끗한 청춘들이 왕성한 활동력으로 바쁘게 살아갑니다. 나이는 정말 숫자에 불과합니다. 생물학적 현실에 기댄 사회적 관습일 뿐입니다. 관습은 언제라도 바꿀 수 있습니다. 우리 생애에서 가장 아름다운 노년을 만드는 모두의 노력이 필요합니다.

인간은 욕망의 창조물이다

가스통 바슐라르의 말

"정신은 필요한 것을 획득할 때 한층 더 흥분한다.
인간은 욕구(살기 위해 필요한 것을 바람)의 창조물이 아니라
욕망(삶에 필수적이지 않은 것을 바람)의 창조물이다."

"

인간은 만족을 모릅니다. 하나를 가지면 또 다른 하나를 더 갖고 싶어 합니다. 남이 좋은 것을 갖고 있으면 그것마저 뺏고 싶어 합니다. 옛말에 '못 올라갈 나무는 쳐다보지도 말라'고 했지만 그 말을 곧이곧대로 받아들이며 사는 인간은 드뭅니다. 올라가다 뚝 떨어져서 크게 다쳐도 다시 올라가는 것이 인간입니다. 넘보기 힘든 부와 성공에 이르려고 애쓰다 보면 자기가 누구이고, 어디서 왔는지 잊을 때도 있습니다.

프랑스의 과학철학자이자 문학비평가인 가스통 바슐라르는 욕망을 꿈의 범주로 생각하고, 욕구는 현실의 범주로 구분합니다. 현실은 유용성이 확인되는 경계까지이고, 그 너머 열망이 가 닿는 모든 영역을 꿈으로 규정합니다. 매우 철학적인 분석처럼 들리지만 결국 현실을 넘어 꿈의 경계까지 가는 것이 욕망이라는 얘기입니다. 자기 분수를 모르고 현실을 넘어서려는 것을 욕망이라고 지칭할 수도 있습니다. 물론 욕망을 무조건 부정적으로만 볼 수는 없겠지만 모든 일이 그렇듯 지나치면 항상 문제가 생깁니다. 분수를 모르고 남과 비교하다 보니 더 가져야 하고, 더 가지려고 몸부림치다 보니 행복보다는 불행한 날들이 많습니다.

이웃 마을 아파트값이 올랐다고 왜 내가 배 아파야 하며, 내 아파트 단지에 임대아파트가 들어온다고 왜 반대해야 하는지 상식적으로 이해가 안 됩니다. 다른 사람의 고통과 불행에 공감하지 않고 무관심한 사회, 내 이익에만 충실한 사회는 욕망의 노예가 된 사회입니다. 그런 사회는 진실을 추구할 의지나 힘이 없고, 진실을 모르니 시대의 문제점도 알 수 없습니다. 결국 문제를 해결하지 못한 채 자멸하게 됩니다. 국가 권력도 힘을 가진 자들이 욕망에만 사로잡히면 약자들의 아픔을 이해할 수 없습니다. 결국 거대한 저항에 부딪히고 역사 앞에 죄인으로 전락합니다. 인간의 기본적인 욕구는 인정하지만 서로를 아프게 하는 욕망은 최대한 내려놓고 함께 살아가기를 바랍니다.

4장

책에서 뛰어 나온 말

부족한 것이 많아 늘 책을 봅니다.
사람들을 찾아다니며 조언을 듣기보다
책 속의 거인들을 통해 조언을 듣습니다.
가끔은 제 감정을 통제하지 못하고 불안할 때
책이 마음의 평화를 줍니다.
지식을 찾기 위해서 책을 펼쳤지만
보석 같은 지혜를 만나 뭉클할 때가 있습니다.
저에게 독서는 거인의 어깨에 올라타는 겁니다.
제가 만난 책을 통해 저 멀리 더 큰 세상을
같이 바라보시기를 바랍니다.

그리스인 조르바

니코스 카잔차키스

"세상의 고전 중에서 딱 한 권을 권하라면
저는 감히 이 책을 권하겠습니다.
명불허전! 이름값을 할 만큼 충분히 재밌는 책입니다.
이 책을 읽다 보면 조르바의 달콤 쌉싸름하면서도
속 시원한 매력에 푹 빠지게 됩니다.
그의 거친 언어에 배시시 웃음을 흘리게 됩니다.
제가 조르바를 조금 늦게 만난 게 안타까울 정도로
너무 재밌고 울림도 있는 고전입니다."

"

이 책을 음미하다 보면 니코스 카잔차키스의 이야기를 풀어 가는 솜씨가 매우 멋집니다. 이윤기의 맛깔스러운 번역도 책 읽는 맛을 더해줍니다. 접어둔 페이지도 많고 밑줄 친 구절도 많습니다. 조르바의 대화들만 따로 모아도 재밌을 정도로 인간 세상을 꿰뚫어 보는 그의 거친 사고가 참 좋습니다. 조금 마초스러운 성격이 가시처럼 드러나 보이기는 하지만... 조르바는 키가 크고 몸이 가녀린 60대 노인입니다. 그는 유리창을 코로 누른 채 찌르는 듯한 시선으로 두목이라 부르는 이 책의 주인공을 처음 만납니다. 그 첫 만남의 순간부터가 웃깁니다. 움푹 들어간 뼈, 튼튼한 턱, 튀어나온 광대뼈, 잿빛 고수머리에다 눈동자가 밝고 예리한 사람. 이것이 조르바의 인상에 대한 묘사입니다.

조르바는 산투리를 연주합니다. 스무 살 때 올림푸스 산에서 산투리 소리를 듣고 사흘 동안 밥을 못 먹을 정도로 빠져들었답니다. 산투리를 배우고 싶어 미치도록 덤벼든 그 과정을 조르바는 열정이라고 표현합니다. 그 열정만큼은 정말 배울 만합니다. 두 차례에 걸쳐 노벨문학상 후보로 지명됐던 카잔차키스는 영혼에 골을 깊이 남긴 사람으로 호메로스, 베르그송, 니체 그리고 조르바를 꼽습니다. 신을 통해 구원받을 것이 아니라 우리가 신을 구원해야 한다고 주장하던 카잔차키스도 조르바의 자유로운 영혼을 흠모합니다. 소설을 두 번 이상 읽고 싶은 책은 몇 안 됩니다. 〈그리스인 조르바〉가 그 부류의 책입니다.

김열규 교수의 열정적 책 읽기, 독서

김열규

"골수 책벌레의 군침 넘어가는 책읽기 시대사가
마치 한편의 독서 다큐멘터리를 보듯 흥미진진하게 넘어갑니다.
만약 저 이정헌이 책과 독서에 관한 책을 쓴다면
이분의 책이 또 하나의 샘플이 될 것 같습니다."

"

1932년 경상남도 고성에서 태어난 김열규 교수는 국문학, 민속학의 거장입니다. 일제시대, 한국전쟁, 각종 현대사의 굽이굽이를 책의 든든한 지원을 받으며 건넜습니다. 이 책의 집필 당시 나이는 77세. 공감 가는 구절도 많고 자극을 주는 글도 많습니다. 낭독하며 읽고, 누워서 읽고, 외워서 읽고, 훔쳐보며 읽는 각종 책 읽기 방식이 흥미롭습니다. 그는 독일 고고학자 하인리히 슐리만이 쓴 〈고대에 대한 열정〉을 접하고 학문의 열정을 키웠다고 합니다. 헤르만 헤세, 도스토예프스키, 앙드레 지드의 명작을 읽으며 지적 감성을 채웠고 가난한 시절 빈곤함 속에서도 되풀이 읽기, 돌려 읽기, 번개 읽기를 통해 책 읽기의 신기술까지 발전시켰습니다. 김열규 교수의 손에 들어온 첫 시집은 〈이준 시집〉이었습니다. 이준의 시를 흉내 낸 즉흥시를 그 시집 뒤에다 적었습니다. 그리고 그 책이 계기가 돼 문학을 전공하게 됩니다. 청년 시절에는 전쟁의 폭음 속에서도 영어 원전을 읽었고, 방학 때에는 절에 들어가 릴케의 책들만 읽으면서 삶의 고독과 고통, 죽음을 마주했습니다.

제가 서강대 영문과 시절 영국과 미국 문학에 빠져들던 때가 생각납니다. 이 책을 천천히 음미하면서 읽다 보면 책 읽기의 쾌락이 어떤 것인지 짐작할 수 있습니다. 어떻게 책을 읽어야 좋은지 제대로 배울 수도 있습니다. 게임을 하듯이 읽고, 물고기를 잡듯이 하나도 놓치지 말고 읽으며, 이를 잡듯이 구석구석 뒤지고, 고양이가 쥐를 가지고 놀듯이 재미를 찾아가며 읽으라고 김 교수는 조언합니다. 요즘 저는 시 읽기가 참 버거운데, 이분은 시를 또 어떻게 읽어야 하는지 명쾌한 해법까지 제시합니다. 여러모로 이정현의 독서에 훌륭한 가이드가 되는 책입니다. 산다는 것, 그것은 읽는다는 것! 김열규 교수의 책 읽기에서 독서의 진수를 제대로 배웁니다.

멈추지 말고 진보하라

스테판 에셀

"아주 얇지만 힘이 넘치는 책인 〈분노하라〉를 읽고
이 책을 만났습니다. 이 책은 콧구멍에서 흥이 넘쳐나는
한 매혹적인 투사의 일대기입니다. 이 책은 스테판 에셀이
자기 삶의 내밀한 순간들을 솔직하게 드러내는 고백이고
한 인간이 다음 세대의 손에 쥐어주는 간절한 유언입니다.
죽음도 차마 멈추지 못할 진보에 대한 그 간절한 희망과 신념을,
그의 삶을 영감으로 출렁이게 한 시들과 함께
만나보면 좋을 것 같습니다."

"

검은색 배경의 책 표지에서 한 노인이 살짝 미소를 짓습니다. 그 표정에 뭔가 안타까운 마음이 담겨 있는 것 같습니다. 저자 스테판 에셀은 프랑스의 레지스탕스이자 사회운동가입니다. 1917 년 독일 유대인 가정에서 태어났고 1939년 프랑스로 귀화했습니다. 제2차 세계대전 당시 나치에 맞서 레지스탕스로 활동하다가 체포돼 부헨발트 수용소에 갑니다. 이후 세 곳의 수용소를 전 전하며 처형될 위기에 처했으나 신분증을 바꾸고 유창한 독일어 실력을 발휘해 극적으로 살아남습니다. 그는 1948년 유엔 세계인 권선언문 초안 작성에 참여하고, 유엔 주재 프랑스 대사, 유엔 인 권위원회 프랑스 대표 등을 역임했습니다. 2010년 나이 92세에 발표한 32쪽 분량의 작은 책 〈분노하라〉는 그의 사상의 응집이자 사회참여 운동의 기폭제라고 할 수 있습니다. 젊은이들에게 정치 적 무관심과 체념을 떨쳐버리고 자본의 폭력에 저항하며, 더 나은 세상을 꿈꾸라고 호소합니다.

스테판 에셀은 이 책 〈멈추지 말고 진보하라〉에서 시가 있는 인생을 예찬합니다. 행복한 삶의 문을 열어준 첫 번째 열쇠가 시였으며, 좋은 시들이 많은 영감을 제공했다고 고백합니다. 그래서 책 곳곳에 그가 감동한 시 열 한편이 실려 있습니다. 책 한 권을 읽으면서 단 한 줄이라도 밑줄을 쳤다면 책값이 아깝지 않다고 합니다. 저는 이 책 군데군데 참 많은 곳에 밑줄을 쳤습니다. 가슴에 쿵 하고 와 닿는 구절이 그만큼 많았습니다. 스테판 에셀이 내뱉는 말속에는 열정과 새로움, 생명력과 환희가 담겨 있습니다.

깡디드

볼테르

"이 책은 앙드레 지드가 1만권의 세계문학 가운데
딱 10권만 가져가라고 할 때,
성경, 셰익스피어, 도스토예프스키와 더불어 꼽은
그 유명한 볼테르의 책입니다."

"

이 책 〈깡디드〉는 소위 말해 철학 소설입니다. 그런데 내용은 고전답지 않게 엽기 발랄하여 술술 읽힙니다. 세월호 참사나 이태원 참사 못지않은 비극적인 현실들이 적나라하게 펼쳐집니다. 너무 술술 읽힌다고 이 책이 얘기하고자 하는 철학적 주제를 놓쳐서는 안 됩니다. 그렇다고 너무 어렵게 파고들 필요도 없습니다. 그저 성선설과 성악설의 충돌이랄까. '모든 것이 보다 좋게 되어 간다.'라고 주장하는 빵글로스 선생의 생각이 현실과 충돌합니다. '꿈은 하늘인데 현실은 시궁창'이란 말이 이 책에 적합한 것 같습니다. 사실 우리 삶이라는 게 늘 긍정적이지도, 늘 비참하지도 않습니다. 새옹지마로 바닥이 있으면 치고 올라갈 날도 있는 게 우리네 인생 아닙니까. 그걸 어떤 시각으로 바라보느냐가 철학자들의 주요 주제일 겁니다. 봉화군 아연 광산 매몰사고에서도 긍정의 씨앗을 찾아내는 사람이 있는가 하면, 자기 자식의 환한 웃음에서 비극을 만들어내는 사람도 있는 겁니다.

이 책은 왕비가 하녀가 되는 롤러코스터 인생은 물론, 살인이 일상이 되는 현실, 배신과 인권 유린이 난무하는 18세기 유럽의 모습을 아주 상큼한 스토리텔링 기법으로 보여줍니다. 볼테르가 이 이야기를 풀어놓으면서 얼마나 혼란스러웠을까 추측할 수 있을 정도입니다. 그토록 극심한 현실의 고통을 건너왔으면서도 빵글로스 선생은 여전히 세상의 밝은 면을 바라봅니다. 긍정의 힘을 제대로 믿는 사람 같습니다. 책 말미에 빵글로스 선생이 이런 말을 합니다. "세상엔 언제나 지독한 고통이 있게 마련이지만, 일단 견뎌내기만 하면 모든 것이 경이로움으로 가득 차게 되네." 뭐 틀린 말은 아닙니다. 현실은 살아남는 자만이 생존의 감격을 누리는 법이니까요. 저는 이 책을 읽으면서 2022년 대한민국의 가슴 아픈 현실이 떠올랐습니다. 우리 현실에는 빵글로스 선생과 같은 막연한 긍정이 오히려 위험합니다. 같이 아파하고, 같이 즐거워하는 게 더불어 사는 우리네 참 인생일 텐데 무조건적 긍정은 아픔을 외면하고 치유의 과정을 생략하는 오류를 범할 수 있기 때문입니다. 역시 고전은 생각할 거리를 많이 던져줍니다. 많은 사람이 읽은 책은 그만큼의 깊이가 있나 봅니다. 책도 얇고 내용도 술술 읽히는 책이어서 한번 읽어보기를 권합니다.

섬

장 그르니에

알베르 카뮈는 이렇게 이 책을 읽도록 유혹합니다.

"길거리에서 이 조그만 책을 읽고
그 처음 몇 줄을 읽다 말고는 다시 접어
가슴에 꼭 껴안고 마침내 아무도 없는 곳에 가서
정신없이 읽기 위하여 나의 방에까지 한걸음에
달려가던 그날 저녁으로 나는 되돌아가고 싶다.
나는 아무런 회한도 없이, 부러워한다.
오늘 처음으로 이 〈섬〉을 열어보게 되는
저 낯모르는 젊은 사람들을 뜨거운 마음으로 부러워한다."

"

삭힌 홍어처럼 오랜 기간 책장 한 구석을 차지하고 있던 이 책을 과감하게 집어 들었습니다. 그렇게 두껍지 않은데 왠지 손이 안 가던 책이었습니다. 책 뒤표지에 요약해서 적어놓은 알베르 카뮈의 추천 글이 오히려 과도한 카피 같아서 그랬을까요. 하지만 알베르 카뮈의 극찬대로 멋진 책이었습니다. 이 책의 첫 문장은 이렇게 시작합니다. "저마다의 일생에는, 특히 그 일생이 동터 오르는 여명기에는 모든 것을 결정짓는 한순간이 있다." 장 그르니에의 산문집인 이 책은 젊음의 막막함, 몽상, 상처를 치유할 만한 세상 이치를 깨달은 사람의 부드러운 조언이 담겨 있습니다. 참 심오한 말들이 많아 밑줄을 긋고 많은 생각을 하며 읽었습니다. 그런데 젊은 사람들이 이 이야기를 다 이해할까요? 그 점에서는 좀 갸웃~ 깨달음의 경지에 올라선 사람의 말씀이라서 그런지 좀 난해하긴 합니다.

장 그르니에는 이런 얘기를 합니다. "혼자서 아무 것도 가진 것 없이 낯선 도시에 도착하는 공상을 나는 몇 번씩이나 해 보았다. 그리하여 나는 겸허하게, 아니 남루하게 살아보았으면 싶었다. 그러나 무엇보다 그렇게 되면 나는 '비밀'을 고이 간직할 수 있을 것이다." 저는 책을 읽다가 또 이런 구절에 밑줄을 칩니다. "우리는 혼자서 살다가 혼자서 죽을 수밖에 없는 존재라는 것은 생각만 해도 심장이 멈춰버릴 것만 같다." 내용이 아니라 그 표현에 시선이 사로잡혔습니다. 옮긴이 김화영 씨도 글발의 끌어당김이 강력합니다. 여행에 대해 장 그르니에는 이렇게 말합니다. "일상적 생활 속에서 졸고 있는 감정을 일깨우는데 필요한 활력소일 것이다." 그는 여행을 우리 마음속에 있는 내면의 노래를 충동질하는 그런 감각이라고 말합니다. 책 중간중간 지뢰처럼 난해한 문장들이 숨겨져 있지만 고전에서 지혜의 보석을 건진다는 자세로 읽으면 의외로 삶의 내공을 탄탄하게 다질 영양분도 많이 흡수하게 됩니다. 고전은 이래서 읽고 나면 마음의 근육이 강해지나 봅니다. 부담 없는 책 두께라서 한번 읽어 보실만 합니다.

난장이가 쏘아 올린 작은 공

조세희

"천국에 사는 사람들은 지옥을 생각할 필요가 없다.
그러나 우리 다섯 식구는 지옥에 살면서 천국을 생각했다.
단 하루라도 천국을 생각해 보지 않은 날이 없다.
하루하루의 생활이 지겨웠기 때문이다.
우리의 생활은 전쟁과 같았다. 우리는 그 전쟁에서 날마다 지기만 했다."
- 책 본문 중에서

"

2022년 성탄절 저녁 조세희 작가가 별세했습니다. 80세. 유신체제 말 무허가 주택 난쟁이 가족의 삶을 통해 도시 빈민과 약자들의 아픔을 그려냈던 분입니다. 고등학생 시절 선생님의 추천으로 '난쏘공'을 읽고서 멍한 감정으로 하루를 꼬박 보냈던 그 날이 생각납니다. 이제는 나이가 들어 불의한 체제에 맞서 분노할 힘마저 상실한 자신을 '송장세대'라고 얘기하신 분입니다. 그러나 아닙니다. 그분의 저항은 그 다음 세대로 자연스럽게 흘러내려 불의에 맞설 분노를 축적하고 있습니다. 책에는 순응과 무저항을 따끔하게 경고하는 말들이 날처럼 살아 있습니다. 그리고 저 역시 악이 자선이 되고 희망이 되고 진실이 되고 정의가 되는 것을 가장 증오합니다. 하지만 그런 숱한 악의 가증스러운 행위들이 우리를 숨막히게 했던 게 사실입니다. 책은 70년대 유신체제를 비판한 글들이 많은데 지금 읽어도 따끔하다는 생각이 드는 것은 그때나 지금이나 바뀌지 않은 것들이 있기 때문입니다. 그래서 작가님은 이제 우리 곁에 없지만 그분의 정신만큼은 여전히 우리에게 살아 있다는 걸 확신합니다.

저는 조세희 작가님이 어느 인터뷰에서 하신 이 말씀에 강한 전율을 느꼈습니다. "어느 날 먹을 것이 정말 마른 풀밖에 없고 그래서 슬프다고 그 슬픔에 잡아 먹히면 안 됩니다. 슬퍼하는 대신 그런 날 가슴 안에 이 세상 그 무엇이 와도 부러뜨릴 수 없는 기둥으로 철심을 박아 넣으세요. 그 뒤에는 비쩍 마른 몸에 얼굴이 새까맣고 여름에 허름한 겨울 바지를 입고 있더라도 소수는 여러분이 어떤 일을 할 사람인지 금방 알아볼 거예요. 물론 시간이 되면 그때 일을 해야죠. 절규할 것이 있으면 그때 하세요. 그 절규가 하도 진실해 사람들은 버리지 않고 잘 모아 놓을 거예요." 슬픔에 잡아 먹히지 말고 가슴 철심을 박아 넣으라고 하십니다. 이 말씀이 2023년의 저에게도 채찍이 됩니다. 모두가 평등하고 행복한 세상을 꿈꾸던 그분의 말씀과 정신을 가슴 속에 철심으로 박아 넣고 저 이정헌이 정말 정의로운 세상을 만들어 가겠습니다.

·

살아요 on living

케리 이건

"어떤 사람이 죽기 직전에 들려주는 이야기를
이 책을 통해 듣습니다.
삶의 끝에 선 사람들이 전하는 이야기를
이 책을 통해 만납니다.
죽음을 앞둔 사람들과 나눈 이야기 속에는
놀랍게도 삶에 대한 희망이 있습니다."

"

이 책은 죽음을 이야기하지만 죽음에 관한 책이 아닙니다. 삶
의 끝에서 나약한 한 인간이 내뱉는 비밀을 아주 솔직하고 흥미
진진하게 풀어줍니다. 결국 이들의 죽음이 우리에게 가르쳐 주는
것은 '어떻게 살아가느냐' 하는 겁니다. 저자인 케리의 말처럼, 죽
어가며 삶을 돌아보는 수백 명의 사람과 대화를 나누다 보면 아
주 놀라운 사실을 발견하게 됩니다. 단 한 사람도 빠짐없이 말도
안 되는 사연을 갖고 있다는 겁니다. 그리고 '죽다'라는 말이 '뛰
다' '먹다' '웃다'처럼 그냥 우리가 누구나 마주하는 단어라는 점
을 깨닫게 됩니다. 케리는 죽음을 섹스처럼 생각한다고 말합니
다. 저는 이 책을 읽으며 그동안 발견하지 못했던 희망을 봅니다.
그중에 하나는 슬픔도, 고통도 변한다는 이야기입니다. 그들이
한 생을 온전히 살아오면서 느낀 깨달음이 그대로 독자에게 전달
됩니다. 이들은 어른에게 아무도 사랑을 쏟지 않는다고 불평합니

다. 맞습니다. 어른이라서 더 사랑하지 않는 것 같습니다.

사실 나이가 들수록 더 외롭고, 더 많은 사랑이 필요합니다. 그래서 죽어가는 그 순간에 "사랑해요"라는 한마디 말만 들어도 편안하게 갈 수 있는 겁니다. 책이 무겁다가도 읽고 나면 또 마음이 가벼워집니다. 케리가 그 많은 사람을 떠나보내면서 느낀 것 중에 하나는 인생에 있어 조금의 후회도 없는 사람을 단 한 명도 보지 못했다는 겁니다. 그 사실이 조금 위안이 됩니다. 권력자든, 부자든, 가난한 사람이든 인생은 다 같습니다. 가는 길은 모두 비슷하다는 얘기입니다. 그리고 이들이 죽기 전에 아쉬워하는 것은 곧 헤어지게 될 몸이었습니다. 살았을 때 느꼈던 몸의 감각을 가장 그리워 했습니다. 그렇죠. 그들이 간절히 그리워한 그 몸의 감각을 우리는 아무렇지도 않게 누리고 삽니다. 그렇기에 그들을 통해 우리는 우리 몸에 다시금 감사함을 느끼게 됩니다. 요즘 안타까운 죽음을 많이 지켜보면서 이 책이 다시금 귀하게 다가옵니다.

아름다운 마무리

법정 스님

"이 책을 읽다 보면
마음을 참 차분하게 가라앉히는
차 한잔 마신 느낌입니다.
법정 스님의 잔잔한 이야기들이
인생을 음미하게 합니다."

"

책 첫 장을 열면서 만나는 귀퉁이의 조그만 글귀조차 소중하게 다가옵니다. "행복할 때는 행복에 매달리지 말라. 불행할 때는 피하려 하지 말고 받아들이라. 그러면서 자신의 삶을 순간순간 바라보라. 맑은 정신으로 지켜보라." 책을 읽을수록 정신이 점점 더 맑아짐을 느낍니다. 순간순간 최선을 다해 살도록 하는 긍정의 에너지가 충만합니다. 책 제목인 〈아름다운 마무리〉에 대해 법정 스님은 이렇게 얘기합니다. "아름다운 마무리는 삶에 대해 감사하게 여기는 것이다. 내가 걸어온 길 말고는 나에게 다른 길이 없었음을 깨닫고 그 길이 나를 성장시켜주었음을 긍정한다. 자신에게 일어난 일들과 모든 과정의 의미를 이해하고 나에게 성장의 기회를 준 삶에 대해, 이 존재에 대해 감사하는 것이 아름다운 마무리다."

스님이 말하는 '아름다운 마무리'는 '나는 누구인가?'라고 묻는, 존재에 대한 근원적 물음이며 내려놓음이고 비움입니다. '아름다운 마무리'는 지금이 바로 그때임을 아는 것이고, 용서이며 이해이고 자비입니다. 그리고 태양과 강, 나무와 풀을 돌아보며 내 안의 자연을 되찾는 과정입니다. '아름다운 마무리'는 스스로 가난과 간소함을 선택해 단순해짐으로써 하나만으로도 만족할 줄 압니다. 또한 언제나 떠날 채비를 하는 것이며 낡은 생각, 낡은 습관을 미련 없이 버리고 새로운 존재로 거듭나는 것입니다. 그러므로 '아름다운 마무리'는 끝이 아니라 새로운 시작이라고 스님은 말합니다. 법정 스님은 자연의 경이로움, 인생의 축복에 대해 얘기합니다. 접어놓고 밑줄 친 깨달음들이 참 많습니다. 두세 번 읽어도 좋은 책입니다. 내 삶에 더욱 감사하게 되고 마음속에서 긍정의 기분 좋은 바이러스가 퍼지는 것을 느끼게 됩니다. 마음에 힘이 되는 책 한잔하시기 바랍니다.

페미니즘의 도전

정희진

"감히 페미니즘의 교과서라고 해도 손색이 없는 책입니다.
세상의 불평, 부당을 후려치는
정희진의 글발이 속 시원하고
어렴풋이 동정만 보내던
안개 같은 상식을 확 걷어 줍니다."

"

이 책은 기존의 규칙과 시스템을 불편하게 만드는 책입니다. 남성 우월주의 대한민국의 속살을 긁어냅니다. 하지만 건강하고 조화로운 사회를 위해서 꼭 한 방 맞아야 할 예방주사 같은 책입니다. 페미니즘은 그녀의 말대로 저항운동이 아니라 협상과 공존의 사유이기 때문입니다. 여성이 여성을 더 무시하는 세상에서 이 땅의 여성들이 필독서로 읽어야 할 책이며, 아직도 남성 우월주의의 구석기시대 관습에서 헤어 나오지 못하는 대한민국 남자들이 두세 번은 밑줄 치며 읽어야 할 책입니다. 진정한 소통, 진정한 민주주의를 위해서도 이 책은 반드시 읽혀야 합니다.

지역, 학벌, 학력, 외모, 장애, 나이, 성적 지향에서 차별받았던 사람들은 이 책에서 그 주범을 만날 수 있습니다. 정희진, 그녀는 말합니다. 민주주의를 위해 필요한 것은 서로 다른 각자의 처지를 이해하고 소통하는 연대이지, 남성 중심의 단결이나 통합이 아니라고… 인생에서 깨달음만큼 큰 오르가슴은 없다는 그녀의 말에 심하게 공감하며 이 책을 통해 몇 가지 모르던 사실도 깨닫게 됩니다. 개척지는 '처녀지'이고, 원시림은 '처녀림'이라 부릅니다. '걸레'는 남성을 의미하지 않으며, '영웅'은 여성을 뜻하지 않습니다. '연상의 여인'이라는 말은 있어도 '연상의 남성'이라는 말은 없습니다. '남성 상위'라는 말이 없는 것도 같은 맥락입니다. 정희진이 예를 드는 언어의 성차별만으로도 그의 주장이 쉽게 공감이 가고 이해됩니다.

우리 사회는 남성을 위로하는 문화는 많아도 여성을 위로하는 문화는 드뭅니다. 룸싸롱이나 성매매 등 향락산업은 남성만을 위한 위로 문화입니다. 술, 담배, 스포츠, 섹스, 여행, 낚시 등은 전형적인 남성 위로 문화의 상징입니다. 그의 주장대로 우리 사회는 남성의 외로움에 대해서는 적극적으로 공감하지만, 여성의 외로움은 '사소한 일'로 취급하는 게 문제입니다. "남성은 일생 동안 남성으로 산다. 여성은 특정 연령층만 여성으로 간주되며 나이에 따라 '가격'이 다르다." 작가의 말 하나하나가 따끔합니다. 공존하고 공생하는 것이 건강한 사회입니다. 그런데 우리 사회는 알게 모르게 여성들을 공존의 권리에서 배제해 왔습니다. 여성들조차 스스로 그걸 당연시했습니다. 정희진은 '여자의 적은 여자'

라고까지 얘기합니다. 남성은 너무나 당연하게 무시하고, 여성은 너무나 무기력하게 무시하는 이 여성문제, 여성 인권에 대해 이 책이 강력한 회초리가 될 겁니다.

거꾸로 생각해봐, 세상이 많이 달라 보일 걸

강수돌 외

"상식대로 흘러가지 않는 세상,
그 상식에 반기를 들고 싶다면
이 책을 먼저 읽어보십시오.
사람답게, 상식대로 살기에 참 좋은 가이드입니다.
감히 일독을 권합니다."

"

　지금의 세상은 온전히 제가 스스로 선택해서 받아들인 세상이 아닙니다. 내 뜻이 아니었기에 당연하게 받아들여지는 상식들에 반기를 드는 것도 당연해야 합니다. 서문에 적힌 글처럼 사람은 합리적인 동물이기보다 합리화하는 동물입니다. 이 책은 우리 사회의 고질적 상식에 반기를 듭니다. 목차만으로도 공감이가는 얘기들이 많아 곧바로 집어 들고 순식간에 읽었습니다. 진보적 사상가들의 상식적 논리에 밑줄을 긋고 메모를 했습니다.

　이긴 자가 다 갖는 건 당연하다고? 그런 세상이 아름다울 수 있을까? 진보 경제학자 우석훈은 승자독식 사회에 반기를 듭니다. 승자독식을 깰 무기로 '생태적 소비', '생태적 생산'을 주장합니다. 다양성, 공생, 협동, 견제 같은 개념들로 경쟁에서 진 사람들도 최소한의 존엄을 지킬 수 있어야 한다고 강조합니다. 비싼

돈 주고 사는 건 바보짓이라고? 그 아름다운 바보짓이 세상을 살려! 강수돌은 착한 커피와 공정무역 이야기를 합니다. 공정무역은 생산자도 살고 소비자도 사는 무역입니다. 데이비드 랜섬 교수가 말하듯이 기존의 무역은 사람이 없는 무역이지만, 공정무역에는 생산자들의 땀과 눈물이 담겨져 있습니다. 과학기술만 발전하면 우리는 행복해질까? 아니야, 행복은 우리가 직접 만드는 거라고! 강양구는 불편한 과학기술 이야기를 통해 기존 과학의 보수적 사고방식에 반기를 듭니다. 과학기술이 발전하면서 먹을거리가 넘쳐나는데 왜 우리는 굶어 죽을까요? 과학기술은 사람을 배제하고 돈벌이에 눈이 멀었기 때문입니다.

시, 소설 안 읽고도 여태껏 잘만 살았다고? '문학은 사람답게 사는 길을 비추는 거울이야!' 중학교 국어 교사 이상대 씨는 밥보다 백배는 더 중요한 시 이야기를 합니다. 왜 시를 읽어야 하는가? 사람의 마음을 순결하게 닦아주기 때문입니다. 위로와 이해, 용서, 나눔의 마음을 일깨우고 진정한 아름다움이 무엇인지 돌아보게 하기 때문입니다. 가진 게 없어 나눌 수 없다고? 가난하니까 더 나누어야지! 인천에서 '기찻길옆작은학교'를 운영하는 김수연 씨는 함께 먹는 밥, 동무, 꿈을 통해 공동체의 인간미 넘치는 세상을 얘기합니다. 전쟁은 피할 수 없는 일이라고? 절대 그렇지 않아! 소처럼 맑고 큰 눈을 가진 박기범 씨는 평화 이야기로 전쟁에 반기를 듭니다. 그 어떤 경우에도 성스러운 전쟁은 없다고 말합니다. 옳소! 옳소! 다들 옳은 말씀이오! 책을 읽으며 공감하고 배웠습니다. 책은 그렇게 두껍지 않은데 전하는 내용은 묵직합니다.

김대중 리더십

최경환

"리더는 말 그대로 앞서가는 사람입니다.
그러나 혼자서 가는 사람이 아닙니다.
또한 국민과 섞여가는 사람도 아닙니다.
김대중 대통령은 이점에 대해 두 가지를 말합니다.
첫째, 국민보다 반걸음만 앞서가라
둘째, 국민의 손을 놓치지 말라
저, 이정헌도 그 가르침을 따르기 위해 이 책을 손에 듭니다."

"

정치를 시작하기 전부터 이 책을 여러 번 읽었습니다. 대한민국 정치의 큰 인물이 이야기한 깨달음이 이제 막 정치의 세계에 첫발을 내딛는 신인에게 엄청난 에너지를 줍니다. 어떻게 국민을 이끌어야 하는지, 어떻게 국민과 함께 해야 하는지를 겸손하지만 아주 강인한 어조로 말씀해 주십니다. 밑줄 친 구절이 너무 많습니다. 김대중 리더십의 핵심 중의 핵심은 '행동하는 양심'입니다. "민주주의는 싸우는 자, 지키는 자의 것이다. 싸우지도 않고 지키지도 않고 하늘에서 감이 떨어지길 기다려선 안 된다. 그러나 민주주의는 언젠가는 온다. '행동하는 양심'으로 하면 빨리 오고, 외면하면 늦게 온다." 이 말씀이 저를 세상으로 나아가게 했습니다. 행동하는 양심으로서 저도 국민 속에서 올바른 민주주의를 실현하기 위해 움직일 것입니다.

김대중 대통령은 다독가, 애서가로 알려져 있습니다. 책을 읽고 싶어 감옥에 다시 들어가고 싶다고 말할 정도였으니 대단합니다. 1960년대 국회의원 시절에는 '책을 가장 많이 읽는 국회의원'으로 알려졌고, '애서가상'을 수상하기도 했습니다. 아마도 책을 가장 많이 읽은 시기는 감옥에 있을 때였던 것 같습니다. 김대중 대통령의 신념과 철학은 관용과 용서였습니다. 그래서 전직 대통령에게 보복하지 않은 유일한 대통령이 됐습니다. 김대중 대통령 시절이나 지금이나 우리 사회는 인물이 부족하고 인물이 필요한 시대입니다. 김 대통령은 나라가 잘되려면 두 가지가 필요하다고 했습니다. 첫째는 '똑똑한 국민', 둘째는 '인물'이라고 말했습니다. 그런데 국민에 대해서는 걱정하지 않았습니다. 이미 독재를 끌어내린 힘이 있는 국민이고, 민주화를 이뤄낸 국민이기 때문입니다. 우리에게는 김대중 리더십을 실천할 인물이 필요합니다.

다 지나간다

지셴린

"중국 국보급 학자의
겸손한 인생 이야기에 한 수 배우게 됩니다.
이 책은 지셴린이 중국인을 감동시킨
짧은 글들을 모아 놓은 에세이집인데
가볍게 잘 읽히면서 은은한 감동과
자극을 줍니다."

"

2009년 98세를 일기로 세상을 떠난 지셴린은 중국에서 '나라의 스승'이라는 칭호를 받을 정도로 존경을 받았던 국보급 학자입니다. "남들은 울면서 가는데 지셴린만 웃으며 가고 있어." 본문 첫 장에 나오는 이야기가 그의 성품을 말해줍니다. 가고 싶지 않은 길이지만 가야 한다면 울어봐야 무슨 소용이 있겠느냐는 거죠. 오히려 웃으며 가는 게 자신에게 좋다는 아주 간단하면서 중요한 인생 법칙을 얘기합니다. 그는 평생 겸손하고 배우는 자세를 잃지 않았습니다. "짧은 한순간도 가볍게 여기지 말라."는 주자의 말을 되새긴 것도 그의 삶의 자세를 느끼게 합니다. 평범함, 소소함의 중요성도 놓치지 않습니다. "노년의 건강 비결은 사실 특별한 게 없다. 잘 먹고, 잘 누고, 잘 자고, 대범하게 생각하는 것이다. 인간 세상의 진리는 모두 원래 그렇게 평범한 곳에 있지 않던가?" 그가 100세 가까이 건강을 유지하면서 열정적으로 살다

간 이유가 여기에 있습니다.

지셴린은 도연명의 시구 한 구절을 인생 좌우명으로 여기며 살았습니다. "커다란 조화의 물결 속에서 기뻐하지도 두려워하지도 말게나. 끝내야 할 곳에서 끝내버리고 다시는 혼자 깊이 생각 마시게." 큰 울림을 줍니다. 밑줄을 치고 옮겨 적을 가르침이 참 많습니다. 책 마지막에 그가 덧붙인 이야기도 묵직합니다. "누군가 내게 아흔다섯이라는 고령을 어떻게 생각하느냐고 묻는다면, 난 좋지도 싫지도 않다고 대답할 것이다. 나이를 먹는다는 건 자의에 의한 일이 아니기에, 그저 그 나이에 맞는 역할을 수행하면 된다. 나의 경우는 한평생 펜을 놀리며 살았으므로 지금도 이 펜으로 세상 만물의 조화를 노래하면 된다. 세상에는 칭송하고 찬양할 것이 너무도 많다. 이 아름다운 것들을 모두 찬미하려면 95년을 다 써도 모자람이 있다. 아흔다섯 번째 생일을 맞은 오늘, 내 나이에 또 한 살이 보태졌다. 나는 또 한 해를 죽은 것이다. 그러나 달라지는 것은 없다. 나는 또다시 오늘을 산다." 힘든 것은 다 지나갑니다. 그저 오늘에 충실하게 살면 그것이 행복입니다.

반민주적인, 너무나 반민주적인

박홍규 〈니체와 니체주의 비판〉

"니체의 파괴는 위험합니다. 대단히 위험합니다.
젊은 시절에 현실이 역겨운 사람이라면
누구나 니체에 매혹될 수 있습니다.
10~20대에 니체에게 매혹되지 않는 사람은 가슴이 없는 사람입니다.
그러나 30살이 넘어서도 니체에게 사로잡혀 있는 사람은
머리가 없는 사람입니다.
저자의 이 말이 너무나도 강렬해 책을 안 볼 수가 없었습니다."

"

니체를 읽으며 거들먹거리던 시절이 있었습니다. 너무나 인간적인 차라투스트라의 관념에 뭣도 모르고 빠져 살았던 시절, 신은 죽었다고 외치던 니체는 신과 같은 반열이었습니다. 그러나 좀 어려웠습니다. 이 책이 니체에 대한 젊은 날의 호기를 기분 좋게 허뭅니다. 언젠가 한 번 니체를 공부해봐야지 생각했는데 글 잘 쓰고 해박하고 민주적인 이분, 박홍규 씨 덕택에 그런 헛된 고생은 안 해도 될 것 같습니다. 책 표지부터 니체답지 않은 이 책은 우리가 잘못 알고 있는 니체에 관한 모든 것을 적나라하게 분석하고 설명해 줍니다. 그 분석이 정말로 속 시원해 지식의 쾌감을 느끼게까지 해줍니다.

니체를 숭배 차원으로 좋아하는 우리나라에서 이렇게 통쾌한 반 니체 책이 나왔다는 사실이 무척이나 기분 좋습니다. 만약,

100분 토론에 니체가 나왔다고 칩시다. 이 양반은 어느 쪽 패널에 가 있을 것 같습니까? 이 책을 보면 답이 나옵니다. 꼼꼼히 씹어서 이 책을 읽다 보면 니체의 모습에서 박정희, 이명박은 물론 윤석열도 불쑥 튀어나옵니다. 니체의 실체를 확인해보십시오. 니체는 문명이 아닌 야만을, 평화가 아닌 전쟁을, 국가가 아닌 민족을, 부드러운 것이 아닌 폭력이나 잔혹함을, 선인이 아닌 악인을, 이성이 아닌 본능을, 민주주의가 아닌 전체주의와 귀족주의를 선호합니다. 히틀러는 너무나도 니체다운 사람이었죠. 더 있습니다. 니체는 다수가 아닌 소수를, 약자가 아닌 강자를, 대한민국에 태어났다면 강북이 아닌 강남과 국민의힘을, 약자의 보호가 아닌 약자의 억압을, 병자의 치료가 아닌 병자의 말살을, 여성이 아닌 남성을, 유약한 남성이 아닌 호전적인 남성을, 도덕이 아닌 인종차별과 노예제를 선호합니다. 또한 니체는 권리가 아닌 힘을, 평등이 아닌 불평등과 카스트 제도를, 이타주의가 아닌 이기주의를, 루소가 아닌 나폴레옹을, 프랑스, 미국혁명이 아닌 나폴레옹 전쟁을 선호합니다.

이 책의 저자인 박홍규 씨는 니체의 문헌과 니체주의자의 주장들을 꼼꼼하게 분석, 비교하고 검토함으로써 니체의 이 같은 성향들을 적나라하게 벌거벗깁니다. 우르르 몰려간 세상 사람들과 다른 이야기를 하는데 균형 잡힌 시각을 갖기에도 바람직한 책이고 재미있기까지 합니다. 니체를 공부하기 전에 이 책을 읽든가, 니체를 다 공부하고 나서 이 책을 읽든가, 반드시 이 책을 거쳐가야 할 듯싶습니다. 철학에 관심이 있고, 니체에 관심을 가졌던 사람이라면 두세 번쯤 읽을 만한 좋은 책입니다.

나를 찾는 시간

유창선

"30년간 정치 평론의 한길을 걸었다는 건 참 대단합니다.
분명 정치권으로부터 유혹이 있었을 텐데 휩쓸려가지 않은 분입니다.
그런데 어느 날 갑자기 투병 생활을 한다는 얘기를 들었고
제가 대선 실패로 낙담하고 있을 때
정치를 넘어 삶에 대한 새로운 위로와 힘을 준 책입니다."

"

오랜 기간 정치 평론을 해온 분이기 때문에 뉴스 앵커로 활동했던 저도 잘 압니다. 직접적인 교류는 없었지만 평론가의 올곧은 길을 걸어가신 분입니다. 어디 한쪽에 치우치지 않은 분이라 여기저기서 유혹도 많았을 것이고, 욕도 많이 먹었을 겁니다. 우리나라 정치가 자기 편 아니면 일단 욕하고 보는 이상한 습성이 있거든요. 2022년 3월 9일, 20대 대통령 선거에 모든 열정을 쏟았는데 그만 지고 말았습니다. 너무나 낙담하고 있을 때 친구 전익균 대표의 소개로 이 책을 만났습니다. 한 페이지 한 페이지 넘길 때마다 삶을 대하는 태도에서 많은 감명을 받았습니다.

저자는 2019년 2월 갑작스럽게 뇌종양 수술을 하게 됩니다. 뇌종양이라는 말을 듣고도 예정된 방송을 하러 간 것은 뇌종양이 얼마나 무서운 병인지 미처 몰랐기 때문이었다고 합니다. 6~7

시간을 예상했던 수술은 10시간이 지나서 마무리됐습니다. 수술은 잘 끝났지만 뇌신경을 건드린 수술이었기에 몸은 성한 곳이 없었습니다. 혀는 마비돼 말을 할 수 없었고 식사도 괄약근이 열리지 않아 8개월 동안 튜브로 경관식을 했습니다. 그 힘든 재활의 시간을 견딘 것은 글쓰기 덕분이었습니다. 고통 속에서 쓴 글이라 그런지 에너지가 더 강렬한 것 같습니다. 카프카가 말한 거대한 힘 앞에서 무력할 수밖에 없는 개인의 절망을 온전히 느낀 저자는 진정 외로운 것은 무리와 떨어져 혼자일 때가 아니라, 자기의 모습을 잃어버린 채 스스로와 이별했을 때라고 이야기합니다. 이 말이 낙심한 저에게도 다시 일어설 용기를 주었습니다.

치료에만 집중해도 모자랄 판에 글 쓰는 힘은 어디에서 생겼을까요? 저자는 글을 씀으로써 힘을 만들어냈다고 이야기합니다. 그래서 글 쓰는 행위가 육체적 건강에도 도움을 줬다고 믿었고 '나는 쓴다. 고로 존재한다.'고 당당하게 주장했습니다. 목숨까지 잃을 뻔한 그 힘든 치료와 재활의 시간에 저자가 남긴 한 마디는 다시 한번 저에게 쿵 하고 와 닿았습니다. "투병의 시간 속에서 앞날을 두려워하거나 불안해하지 않았던 것 같다. 대신 담담하게 생각들을 기록하고 정리해 책으로 냈던 모습은 두고두고 인생의 힘으로 남게 되었다." 이 책이 제 인생에도 큰 힘으로 남을 것 같습니다.

272

코끼리는 생각하지 마

조지레이코프

"진실이 프레임과 맞지 않으면,
프레임은 남고 진실은 튕겨 나간다는
저자의 말이 묵직하게 와닿습니다.
모두가 아는 진실이, 진실이 아닐 수 있음을
이 책을 통해 알게 됩니다.
정치권의 프레임 씌우기를 알게 되면서
마음이 참 쓸쓸해집니다."

66

책 제목 그대로 '코끼리를 생각하지 마십시오!' 그러면, 우리는 자연스럽게 코끼리를 생각하게 됩니다. 이것이 바로 프레임입니다. 이 책은 참 해박하고 친절합니다. 우리가 속고 있는 현실에 대해 아주 명쾌하게 그 속셈을 밝혀줍니다. 클린턴이 얘기한 "바보야, 문제는 경제야."라는 말도 결국은 프레임입니다. 상대가 거기에 대응하는 순간 그 프레임에 말려드는 겁니다. 프레임은 우리가 세상을 바라보는 방식을 형성하는 정신적인 구조물을 의미합니다. 우리가 추구하는 목적과 우리가 짜는 계획, 우리가 행동하는 방식, 우리가 행동한 결과의 좋고 나쁨을 결정하기도 합니다.

정치에서 프레임은 사회정책과 그 정책을 실행하기 위해 만드는 제도를 형성합니다. 프레임을 바꾸는 것은 이 모든 것을 바꾸는 일입니다. 그러므로 프레임을 재구성하는 것은 곧 사회변화를 의미한다고 할 수 있습니다. 저자는 이런 프레임이 정치에서 활용될 경우 크게 두 가지로 구분된다고 얘기합니다. 하나는 '권위 있는 아버지 모델'이고 그 대척점에는 '자애로운 부모 모델'이 있습니다. 쉽게 정리하면, 보수는 '아버지 모델', 진보는 '부모 모델'이라고 보면 될 거 같습니다. 여기서 중요한 것은 저자가 '부모 모델'은 옳고 '아버지 모델'은 틀린 것이라고 주장한 것이 아니라는 점입니다. 둘 다 자신은 '도덕적'이라 생각하는데 그 도덕을 구성하는 체계, 즉 프레임이 다를 뿐이라는 것이 핵심입니다. 저자가 미국인이라 미국에 최적화된 모델이기는 하지만 보수, 진보로 나누어서 싸우는 우리나라 정치 모델에도 적용됩니다.

우리가 프레임을 이해하기 좋은 내용이 이 책 120페이지에 나옵니다. "코미디언 지미 킴멜은 자기 쇼의 제작진 중 한 명에게 마이크를 들려 로스앤젤레스 길거리로 내보낸 다음, 행인들에게 간단한 질문을 하도록 했습니다. '오바마 케어'와 '저렴한 건강보험법' 중에 어느 쪽을 더 선호하십니까? 압도적 다수가 자기는 오바마 케어는 싫지만 저렴한 건강보험법은 좋은 아이디어로 생각한다고 답했습니다. 그런데 그들 대부분은 이 두 가지가 같은 법안임을 알지 못했습니다." 이해하시겠죠? 우리는 같은 말을 다르게 하는 사람을 조심해야 합니다. 그들은 프레임으로 우리를 속이려고 하는 겁니다.

흐르는 강물처럼

파울로 코엘료

"소설을 많이 쓴 작가이지만 소설보다
이 에세이가 더 마음에 와닿습니다.
세상이 아주 힘들고 어둡다 보니
이렇게 마음의 위안을 주는 책을 다시 찾게 됩니다.
그냥 잔잔하게 써 내려간 파울로 코엘료의 삶의 지혜가
오늘을 살아가는, 아니 살아내는 힘이 될 것 같습니다."

66

이 책에 나오는 101가지의 이야기가 잔잔한 깨달음의 파도를
칩니다. 밑줄 친 글들이 꽤 있습니다.

- 신의 위대함은 항상 소박한 것들 안에 감춰져 있음을….
- 칠천 년의 기쁨도 칠일간의 억압을 정당화할 수 없다.
- 나는 어느 나라에 가더라도 가장 흥미로운 것은 박물관이
  나 교회가 아닌 사람들이고, 그래서 시장에 가는 것이 가
  장 즐겁다고 말했다.
- 내게 기적이란 우리의 영혼을 평화로 채우는 것이다.
- 모든 이들은 두 가지 언어를 숙지해야 한다. 사회의 언어와
  표지의 언어가 그것이다. 하나는 타인과 소통하기 위한 것이
  고, 다른 하나는 신의 말씀을 이해하기 위한 것이다.
- 고통에 직면할 때마다 우리가 할 수 있는 일은 오직 일어난
  사건의 의미를 묻고 두려움을 극복하고 다시 일어설 준비를

하는 것이다.

잠깐 소개할만한 대화 한 구절을 보십시오. "자넨 무엇 때문에 그렇게 분주하게 사는가?" 마누엘이 대답합니다. "책임감 때문이지요." 천사는 다시 묻습니다. "하루에 15분 만이라도 일을 멈추고 아무것도 하지 않은 채, 세상과 자네 스스로를 돌아볼 수는 없나?" 마누엘은 그러고 싶지만 시간이 없다고 답합니다. "그럴 리가 있나." 천사가 응수합니다. "누구에게든 시간은 있네. 용기가 없을 뿐이지. 노동은 축복일세. 그것을 통해 우리의 행동을 돌아볼 수 있다면 말이야. 그러나 일에만 매달려 삶의 의미를 도외시한다면 그것은 저주야." 읽는 사람의 마음 밭이 어떤 상태이냐에 따라 책은 영양가 높은 거름이 되기도 하고 그저 쓰레기가 되기도 합니다. 저에게는 충분히 거름이 된 책입니다. 제가 부족하고 헤쳐 나갈 힘겨운 일들이 많기 때문입니다.

대한민국사 1, 2, 3, 4권

한홍구

"한국 현대사를 알고 싶다면 한홍구의 이 책을 추천합니다.
그동안 우리가 오해하고 있었던, 속아만 왔던
대한민국 현대사의 이면이 아주 속 시원하게 드러납니다.
도서관에서 빌려 봐도 좋지만 이런 책은
1, 2, 3, 4권 전부 사서 밑줄을 치며 보는 게 좋을 것 같습니다."

"

　이 책 4권은 586세대에서 FTA까지, 왜곡되고 가려졌던 현대
사를 다큐멘터리처럼 흥미진진하게 보여줍니다. 노근리 사건의
축소, 왜곡 사실을 알게 되면 미국에 대해, 그리고 미국보다 더
미국적인 한국 권력자들에게 분노하지 않을 수 없습니다. 한미
FTA 문제와 관련해서는 미국인 투자자가 한국의 공공정책에 대
해 이의를 제기할 수 있다는 어처구니없는 불평등 조항을 보여
줍니다. 국가보안법은 왜 없어지지 않는지, 그 불가사의가 궁금
하다면 이 책을 봐주십시오. 국가보안법으로 처벌받은 사람들의
사유를 듣다 보면 코미디도 이런 코미디가 없습니다. 그래도 세
상은 조금씩이라도 바뀌어서 〈웰컴투동막골〉을 반미영화로 몰고
가려던 조선일보를 패배시키기도 합니다. 희대의 조작극인 인혁
당 사건은 몰상식이 세상을 어떻게 유린할 수 있는지 알게 합니
다. 그리고 인혁당 사건의 재판이 황우석 사건으로 어떻게 이어

겠는지 그 거짓의 장막을 들춰보게 됩니다.

　미국 알링턴 국립묘지는 대통령, 장관, 영관급을 기준으로 묘역의 크기를 정하지 않는다고 하는데 왜 우리네 국립묘지는 이승만은 80평, 장군은 8평, 일반 사병은 겨우 한 평의 공간에 차별적으로 눕혀져야 하는지, 이 책은 페이지를 넘길 때마다 끊임없이 울컥하게 만듭니다. 한홍구 선생은 동갑내기인 유시민 씨 이야기를 하면서 586세대의 갑자기 철들어 버리고 김새버린 열정에 대해서도 아쉬워합니다. 역사는 한쪽 눈으로만 봐서는 안 됩니다. 그런데 우리는 누군가의 강요에 의해 한쪽 시선만 가져왔습니다. 한홍구 선생의 대한민국사는 이 같은 역사적 편견을 어느 정도 해소하고 한국 현대사에 대한 균형감각을 갖게 해줍니다. 좋은 책입니다. 1권에서부터 4권까지 일독을 권합니다.

아무도 미워하지 않는 자의 죽음

잉게 숄

"이 책은 백장미단에서 활동한 한스와 소피 숄 남매에 관한
실화를 다룹니다.
숄 남매의 맏이 잉게 숄이 썼는데 우리나라에는 1978년 처음 소개됐고
2021년 다시 출간돼 저도 무거운 마음으로 새롭게 읽었습니다.
2005년 〈소피 숄의 마지막 날들〉이라는 제목으로 영화로도 만들어져
베를린국제영화제에서 감독상과 여우주연상을 수상하기도 했습니다."

"

나치에 저항한 독일 청년조직, '백장미단'의 실제 이야기가 펼쳐집니다. 히틀러 시절에 감히 나치에 저항한다는 건 목숨을 내놓는 행위였습니다. '민족' '경제부흥'이라는 거창한 명제 앞에 그 누구도 이의를 제기할 수 없는 시절이었습니다. 그런 엄청난 독재 시대에 이 '백장미단'의 저항은 참 숭고해 보이더군요. 그들은 결코 특별한 이상을 품지 않았습니다. 단지 개인의 자유로운 삶과 정의를 원했고 그걸 쟁취하기 위해 젊음을 내던져 투쟁했을 뿐입니다. 백장미단의 실세인 한스 숄은 어릴 때 아버지와 이런 대화를 나눕니다.

"아버지! 어떻게 이러한 정부가 우리나라에 등장할 수 있었을까요?"

"우리는 가난에 시달렸기 때문이지. 원래 사람이란, 아무런 희망도 바랄 수 없는 벽에 부딪히면 나약해지기 마련인데, 누군가 감언이설로 장래를 약속한다면 속아 넘어가고 마는 것이다. 그 약속을 하는 자가 어떤 사람인지 알아보지도 않고 말이다."

이 책의 주인공인 한스 숄과 친구들은 아주 똑똑한 청춘들이 더군요. 장래가 보장된 의대생들이었죠. 그런 그들이 나치에 저항한 것은 앞서 언급한 것처럼 오로지 자유에 대한 열망 때문이었습니다. 그것을 위하여 20대의 목숨을 던졌습니다. 리더인 한스는 여동생 소피와 함께 처형을 당하게 되죠. 그들이 저항의 글을 쓰고, 전단지를 찍어내는 모습은 전두환, 노태우 시절의 대학가를 연상시킵니다. 긴박하게 쫓기는 상황들도 이 책에 잘 드러납니다. 저자인 잉게 숄은 한스와 소피의 누이입니다. 누이이기에 핏줄의 안타까운 죽음과 나치의 잔혹함을 더욱 처절하게 그려냈을 겁니다.

작은 씨앗을 심는 사람들

폴 플라이쉬만

"이 책은 저마다 언어는 다르지만
도심 속 공터의 조그만 땅에서
생명의 씨앗을 키우며 서로 교감하는
아주 따뜻한 이야기를 들려줍니다.
피부가 다르고, 국적이 달라도
자연을 대하는 마음만은 다를 수 없다는 걸 얘기합니다."

66

이 책에는 모두 열세 가지의 이야기가 담겨 있습니다. 미국 클리블랜드의 깁 스트리트 작은 공터. 아무도 관심을 갖지 않는 쓰레기장 같은 그곳에 9살 베트남 소녀 킴이 한 귀퉁이에 강낭콩 씨앗을 심으면서부터 이야기는 시작됩니다. 그 소녀로부터 아나 할머니, 아나 할머니에서 웬델, 그리고 곤잘로 할아버지, 레오나, 늙은 어부 샘, 버질, 한국인 세영, 커티스, 노라, 마리셀라, 아미르 … 마지막으로 플로렌스까지 작은 씨앗이 모여 큰 생명의 기쁨을 만들어냅니다.

도심 속 버려진 공터가 생명의 텃밭으로 변해 가는 모습이, 그 텃밭을 가꾸는 사람들의 변해가는 마음이 참 보기 좋습니다. 한국인 교포 세영이 느끼는 것처럼 아무도 서로에게 말을 걸지는 않지만 흙을 돌볼 줄 아는 그 하나만으로도 마음이 훈훈해집니다. 노라는 텃밭의 변화를 자연이 만들어 낸 멋진 블록버스터 영화라고 말합니다. 흙을 비집고 돋아나는 새싹의 그 가슴 떨리는 생명에 피부가 다르고, 언어가 다른 사람들이 똑같은 감동을 느낍니다. 참 편안하게 읽은 책이고, 읽고 나니 가슴이 따뜻해지는 책입니다. 사람은 자연 앞에서 이렇게 하나가 될 수 있습니다. 저도 새로운 생명의 씨앗을 키워보려고 합니다. 새싹들을 만날 가슴 떨리는 그날이 기다려지네요.

왜 세계의 절반은 굶주리는가

장 지글러

"참 가슴 아프고 안타까운 책입니다.
'유엔 식량 특별조사관이 아들에게 들려주는 기아의 현실'이라는
부제처럼 이 책은 우리가 알지 못하는 전 세계 굶주림의 현실을
아버지와 아들의 대화체로 알기 쉽게 들려줍니다."

“

이 책을 읽으면서 세상 사람들은 참 바보 같은 짓을 반복하고 있다는 생각을 지울 수 없습니다. 식량이 남아도는 나라는 자본주의를 지키려고 그 아까운 식량을 불태워 없애고, 늘 굶주림에 허덕이는 나라들은 몇 명의 독재자들이 원조조차 가로막아 하루에 10만 명, 5초당 한 명의 어린이가 굶어 죽어가고 있습니다. 이게 바보 같은 짓이 아니고 뭐겠습니까? 세계 225명 부자의 총자산은 1조 달러. 이 돈이면 25억 명을 먹여 살릴 수 있습니다. 그 수치상의 어이없는 현실이 더 안타깝습니다. 칠레 아옌데 대통령은 15세 이하 모든 어린이에게 하루 0.5 리터의 분유를 무상으로 공급하겠다고 했습니다. 얼마나 거룩한 일입니까? 그런데 이런 이상도 다국적 기업인 네슬레에 의해 처참히 무너집니다. 부자 기업의 이윤을 지키기 위해 한 나라의 대통령을 위험으로 몰아넣고 결국 사망에 이르게 합니다.

유엔이 원조식량을 공중에서 떨어뜨려도 지뢰밭이라 먹을 것을 향해 달려드는 사람 대부분은 다치고 죽습니다. 아... 이 끔찍한 불평등과 비극이란. 자유도 힘없는 사람에게는 자유가 아닙니다. 누구는 총을 들고 있고 누구는 발가벗겨져 있는데 그 상태에서 싸우라면 그게 자유롭고 공정한 싸움입니까? 참으로 어처구니없는 일들이 지구상에서 반복되고 있습니다. 겨울이 되면 가난한 사람은 더욱 힘겹습니다. 눈도 내리고 바람도 매섭습니다. 저도 겪어봐서 알지만 춥고 배고픈 게 제일 비참합니다. 우리 사회가 조금 더 따뜻해지려면 자기 것만 악착같이 챙길 것이 아니라 이웃을 돌아보는 여유를 가져야 합니다. 돈이 없어서 못 도와주는 게 아닙니다. 마음이 가난해서 못 도와주는 겁니다. 돈도 돈이지만 마음 부자들이 더 많아지면 좋겠습니다.

5장

영화, 드라마에서 건진 말

"인생은 네가 본 영화와는 달라" - 시네마천국

고대 희곡을 일컫는 드라마의 어원은
희랍어로 '행동하다'라는 뜻을 가진 '드란(dran)'입니다.
행동하는 순간 우리의 이야기가 전개됩니다.
그냥 아무 움직임이 없어도 시간은 가지만
행동하면 변화에 가속도가 생깁니다.
영화나 드라마를 보면서 쿵 했던 적이 많습니다.
그 감동이 행동을 부르고 세상을 변화시킵니다.
우리 삶의 이야기가 그 속에 있기 때문입니다.
우리가 나아갈 길이 그 안에 있기 때문입니다.

인생은 아름다워

로베르토 베니니 감독 영화

"이 영화는 일단 한 번 보는 순간 인생 영화가 됩니다.
홀로코스트 영화임에도 피해자가 된 이들의 절망이나 슬픔보다는
'사랑'에 주목합니다. 어떤 극한의 상황 속에서도 사랑을
사랑하는 사람은 그저 사랑하는 방식으로만 살아간다는 것을 보여주는
영화입니다.
제 인생 최애 영화 1순위에 이 영화를 감히 올려놓습니다."

명대사 : "안녕하세요, 공주님. 어제 밤새도록 그대 꿈을 꾸었다오."
(수용소에서 귀도가 도라에게 몰래 전하는 대사)

"

홀로코스트 영화인데 웃으면서 볼 수 있다고요? 네. 이 영화
가 그런 영화입니다. 로베르토 베니니가 감독과 주연 배우를 다
맡았습니다. 주인공 귀도(로베르토 베니니) 가족이 수용소로 가는
이야기가 핵심인데 러닝타임의 절반은 귀도와 도라(니콜레타 브라
스키)의 사랑 이야기로 채워집니다. 부잣집 딸인 도라는 시골에서
로마로 갓 상경한 귀도와 우연히 마주치게 됩니다. 도라에게 한
눈에 반한 귀도는 특유의 재치와 긍정으로 그녀를 사로잡습니다.
다른 남자와 약혼까지 했던 도라는 귀도에게 마음이 기울어 그
와 가정을 꾸리게 되고, 조수아(조르지오 깐따리니)라는 귀여운 아
들을 얻습니다. 귀도가 가는 곳이라면 어디든지 코미디가 넘칩니
다. 홀로코스트 상황에서도 귀도는 마치 채플린처럼 우스꽝스럽
게 행동합니다. 이런 그의 행동이 함께 있는 아들 조수아를 홀로
코스트의 공포로부터 완전히 안전하게 지켜내는데 큰 역할을 합

니다.

　상황이 극한으로 치달을 때도 관객들은 웃으면서 영화를 봅니다. 울다가도 웃고, 웃다가도 울게 됩니다. 세월이 흘러 영화를 다시 떠올려도 역시 미소가 흐릅니다. 누군가가 저에게 최애 영화 3개만 추천해 달라고 하면 이 영화는 어김없이 들어갑니다. 주인공 귀도는 홀로코스트 끔찍한 상황에 절대 굴복하지 않습니다. 귀여운 아들에게 괴로운 상황을 괴로워해야 한다고 가르치지 않습니다. 극한의 고통 속에서도 인생을 즐겁게 살아갈 방법을 찾습니다. 어린 아들과 함께 이 영화를 감상했던 저에게 귀도는 아버지의 숭고한 사랑을 감동적으로 보여준 영웅이었습니다. 영화 〈인생은 아름다워〉 덕분에 역시 인생은 아름답습니다.

시네마 천국
주세페 토르나토레 감독 영화

"80~90년대 노래가 좋지만, 그때 만든 영화도 명작이 많습니다.
그중에서 〈시네마 천국〉은 제 두 번째 인생 영화입니다.
엔니오 모리꼬네의 팬으로서 음악이 정말 좋고
영화를 보는 내내 마음이 정화되는 느낌이 들어
가히 영화사에 길이 남을 작품 중에 하나라고 생각합니다."

명대사 : "인생은 네가 본 영화와는 달라. 인생이... 훨씬 힘들지."

"

　토토와 알프레도의 몇 세대를 뛰어넘는 우정이 머릿속에 오래 남습니다. 어린 토토의 해맑은 표정과 장난스러움 그리고 영사 기사인 알프레도의 유머와 진중함이 한데 어우러져 이 영화를 끌고 갑니다. 배우들의 뛰어난 연기뿐만 아니라 엔니오 모리꼬네의 음악까지 어느 것 하나 놓칠 게 없습니다. 심지어 단역배우들의 연기도 감칠맛을 더합니다. 그래서 이 영화는 맛있는 음식을 먹고 나면 입맛을 다시 다시듯 잔상이 꽤 오래 남습니다.

　줄거리는 대략 이렇습니다. 제2차 세계대전이 한창이던 1940년대, 이탈리아 시칠리아 섬. 주인공 토토는 틈만 나면 마을 광장에 있는 영화관 '시네마 천국'으로 달려갑니다. 말 그대로 영화가 인생의 전부인 소년입니다. 저도 한때는 토토처럼 그랬던 것 같다는 생각이 스쳐 갑니다. 영화가 끝나면 영사실로 가기 바쁜 토토, 영사 기사 알프레도는 그런 토토를 차갑게 대합니다. 토토는 영화를 상영하는 영사 기술을 배우고 싶어 하지만, 알프레도는 이 직업의 고단한 삶을 잘 알기에 거절할 수밖에 없습니다. 하지만 알프레도의 검정고시 시험에서 토토가 커닝을 도와준 대가로 영사 기술을 알려주게 됩니다. 그렇게 두 사람은 '영화'를 매개로 나이를 뛰어넘는 우정을 키워나갑니다. 어느 날, 관객들을 위해 야외 상영을 해주던 알프레도는 그만 화재 사고로 실명을 하게 됩니다. 알프레도의 뒤를 이어 시네마 천국의 영사 기사로 일하게 되는 토토는 어느덧 청년으로 성장합니다. 부잣집 딸인 엘레나와 사랑에 빠지는 가난한 토토. 이 사실을 안 엘레나의 아버지는 둘 사이를 떼어놓으려 합니다. 둘은 애틋한 사랑을 키워 나가지만 토토의 군 입대로 떨어져 있게 됩니다. 군 복무를 하는 사이, 엘레나 가족이 이사 가게 된 사실을 알게 되고, 이별을 직감하게 되는 토토. 제대 후 마을로 돌아오지만, 엘레나가 떠난 사실에 큰 상실감에 빠집니다. 그런 토토를 보고 알프레도는 이곳을 떠날 것을 조언합니다. 그 후 결심을 한 토토에게 알프레도는 마지막 인사를 건넵니다. "돌아와선 안돼. 깡그리 잊어버려야 해. 편지도 쓰지 마. 향수에 빠져선 안 돼. 잊어버려. 만일 못 참고 돌아오면 널 다신 만나지 않겠어, 알겠지?" 알프레도의 이 말이 저에게도 꽤 오래 남아 있습니다. 현실은 영화보다 훨씬 잔인하다는 알프레도의 충고가 귓전을 때립니다.

가시나무 새

콜린 맥컬로우 원작 미국 드라마(1983년 첫 방송)

"1988년 즈음, 우리나라에서 방영된 후 단 일주일 만에
전국에 이 드라마 열풍이 불었습니다.
일단 배경이 가슴을 시원하게 합니다. 광활한 호주의 목양 벌판이
그대로 펼쳐집니다.
유명 배우들의 연기도 눈을 못 떼게 합니다.
미국 ABC 방송국이 1983년 시리즈로 제작했는데
정말 대단한 드라마로 에미상을 움켜쥐기도 했습니다."

명대사 : "증오할 때는 링에 섰을 때처럼 계속 치면 돼, 메기.
반격을 멈출 때까지... 하지만... 사랑을 하면... 반격을 멈추질 않아...ㅠㅜ"

"

가시나무 새를 볼 때 고등학생이었습니다. 레이첼 워드의 미모에 홀딱 반한 기억이 납니다. 저뿐만 아니라 그 당시 사춘기 소년들은 레이첼 워드에 흠뻑 빠졌습니다. 그런데 결국 임자는 따로 있더군요. 드라마에 함께 출연해 남편 역을 맡은 브라이언 브라운과 드라마를 넘어 실제 부부가 됩니다. 이 드라마가 기억에 남는 이유 중의 하나는 매기의 아역을 연기한 시드니 페니라는 배우의 매력입니다. 어느 드라마나 마찬가지지만 아역 배우의 역할은 드라마를 살리는 나름 큰 비중을 차지하는 것 같습니다.

드라마의 배경은 호주인데 전체적으로 아일랜드 풍입니다. 소설의 제목이기도 한 가시나무 새 전설은 켈트족 이야기로 전해집니다. 가시나무 새는 알에서 깨어나 둥지를 떠나는 순간부터 평생 가시나무를 찾아다닙니다. 가시나무를 발견하면 날카로운 가시에 찔려 죽어갈 때까지 가장 아름다운 소리로 노래를 부른다고 합니다. 처절한 고통 속에 붉은 피를 흘리면서 가시나무를 향한 열정적인 사랑을 노래하는 겁니다. 1910년대 호주. 랄프 신부의 보살핌을 받아 아름다운 아가씨로 성장한 매기는 숨길 수 없는 사랑을 랄프 신부에게 고백합니다. 랄프는 가톨릭 성직자이면서 매기를 사랑하는 한 남성으로서 번민하고 갈등합니다. 그러나 결국 성직자의 길을 걷기로 결심하고 매기의 행복을 빌며 다른 남성과 결혼하도록 권유합니다. 절망한 매기는 신을 저주합니다. 두 사람의 이뤄질 수 없는 사랑이 가시에 찔려 피를 흘리는 가시나무 새의 고통처럼 제 가슴을 날카롭게 찔렀습니다.

가톨릭 사제는 독신으로 성직자의 길을 걷는 것이 당연한 것처럼 여겨지지만 가정을 꾸린 사제들이 거대한 부를 축적하며 민중을 괴롭힌 시기도 있었기에 드라마 안에서 중세 가톨릭의 자기반성도 보여주고 있다 할 수 있습니다. 드라마 작가의 역사적 안목과 철학도 담겨 있는 드라마입니다. 우리나라 같으면 "신부가 사랑을 한다고?" 하면서 막장 드라마로 치부할 수 있지만, 이 드라마는 그 수준을 넘어서도 한참 넘어서는 대단한 명작입니다.

바람과 함께 사라지다

빅터 플래밍 감독 영화(1939년)

"마가렛 미첼의 동명 소설을 기반으로
1939년 제작된 미국 영화입니다.
100년 가까이 된 영화인데 아직도 그 감동이 잊히지 않습니다.
이 영화는 할리우드의 역사를 대표하는 기념비적인 영화 중 하나이며
인플레이션 적용 기준 영화 역사상 최고의 흥행작이기도 합니다.
이 영화는 뒤에 소개할 〈위대한 개츠비〉와 함께
제가 서강대 영문과에 다닐 때 원서로도 읽은 영화입니다."

명대사 : "내일은 내일의 태양이 뜨는 법이니까"

"

무려 3시간 42분이라는 상영 시간 동안 대서사시가 흐릅니다. 《바람과 함께 사라지다》의 줄거리 원작은 '마거릿 미첼'의 동명 소설입니다. 거액의 제작비와 폭넓은 역사 스케일로 아카데미 9개 부문을 수상한 명작이며 대작 영화입니다. 비비언 리, 클라크 게이블, 레슬리 하워드, 올리비아 드 하빌랜드 등이 주연 배우입니다. 영화의 시대적 배경은 남북전쟁 발발 직전입니다. 오하라 가문의 장녀 '스칼렛'은 도도한 매력으로 뭇 남성들의 우상이었습니다. 그녀가 짝사랑하던 '애슐리'가 친구 '멜라니'와 결혼한다는 이야기를 듣고 뒤늦게 고백하지만 그 자리에서 거절당하고, 이 모습을 새로 이사 온 '레트'에게 들키고 맙니다. 당황해 어쩔 줄 모르는 스칼렛. 반면 레트는 거침없는 매력의 스칼렛에게 이미 빠져든 상황이었습니다. 전쟁은 남부에 불리해지고 스칼렛은 레트의 마차를 타고 죽을 고비를 넘기며 고향으로 돌아갑니다.

파란만장한 미국 현대사를 온몸으로 관통하는 영화입니다. 두 사람은 결혼하게 되는데 행복한 결혼생활도 잠시, 레트는 여전히 스칼렛의 마음에 애슐리가 있다는 사실을 깨닫게 됩니다. 오랜 세월이 흐른 영화이지만 비비안 리의 매력은 지금도 강렬합니다. 가끔 현대 영화의 화려함이 식상할 때 고전영화를 찾곤 하는데 이 영화는 고전영화 목록 중 1순위에 들어갑니다. 대학 다닐 때 도서관 구석진 곳에서 푹 빠져 읽었던 원작 영어 소설과 멋진 키스 신이 생생한 이 영화는 제 기억 속에서 결코 바람처럼 사라지지 않을 것 같습니다.

위대한 개츠비

잭 클레이튼 감독 영화(1974년)

"미국 고등학생의 필독서 소설이 영화로 만들어졌습니다.
배우들의 연기와 배경이 몰입감을 줍니다.
1920년대 뉴욕을 배경으로 한 스토리가
100년 전 그 시절로 4차원 시간 여행을 떠나게 합니다."

명대사 : "오후는 어디론가 흘러가고 있는데,
허망한 꿈만이 홀로 남아 싸우고 있다."

"

소설이든 영화든 남녀관계의 이야기가 서사의 핵심입니다. 주인공 개츠비는 가난한 농가에서 태어나 17세에 광산 노동자가 됩니다. 제1차 세계대전에 참가해 육군 소위가 되고 미녀 데이지와 사랑에 빠집니다. 전쟁은 남녀관계를 늘 갈라놓습니다. 군대라는 곳이 고무신 거꾸로 신는 명당 아닙니까. 개츠비는 프랑스 전선으로 동원되어 가면서 데이지와 헤어집니다. 전쟁이 끝나서 돌아오자 청천벽력 같은 얘기를 듣습니다. 그의 애인인 데이지가 시카고의 부자 톰과 결혼한 것입니다. 고무신을 거꾸로 신는 정도가 아니라 아예 다른 남자의 품으로 영원히 사라졌습니다. 절망한 개츠비의 마음에는 세상 모든 유행가가 절절하게 요동쳤을 겁니다. 그 헤어짐의 충격으로부터 8년 후, 개츠비의 처지가 완전히 바뀌었습니다. 개츠비는 애인을 뺏어간 톰을 능가하는 청년 부호가 됩니다. 데이지의 저택 앞 호수 건너편에 자리 잡은 프랑스 왕

조 풍 어마어마한 집에 살게 됩니다. 이건 복수라고밖에 달리 표현할 수가 없습니다. 그가 하는 행동 하나하나가 결국은 복수의 연장선입니다. 밤마다 사람들을 초대해 날이 새도록 파티를 벌이는 것도 복수의 일환입니다.

그런데 결국 만날 사람은 만나나 봅니다. 개츠비의 이웃에 사는 닉이 옛 애인 데이지를 자연스럽게 연결시켜 줍니다. 그리고 꺼진 듯 보였던 두 사람의 사랑이 다시 불꽃처럼 타오릅니다. 하지만 그렇게 순탄하게 갈 수는 없는 것이 소설이고 영화 아닙니까. 두 연인은 개츠비의 자동차로 드라이브를 하던 도중 뜻하지 않게 데이지의 남편 톰의 애인인 머어틀을 치어 숨지게 합니다. 머어틀의 남편 윌리슨은 개츠비가 아내를 죽인 사실을 알게 됩니다. 집요하게 복수를 노리고 마침내 개츠비가 오후의 한때를 저택 수영장에서 혼자 수영하며 즐기고 있을 때 권총으로 사살합니다. 화려하기만 했던 개츠비는 물속으로 가라앉고 새빨간 피가 수영장을 물들입니다. 참극이 벌어진 뒤 톰과 데이지 부부는 유럽으로 유유히 여행을 떠납니다. 결국 개츠비만 불쌍해진 겁니다. 책 제목이고 영화 제목인 〈위대한 개츠비〉의 '위대한'은 매우 역설적입니다. 위대한 듯 위대하지 않은, 위대하지 않은 듯 위대한 개츠비입니다.

변호인

양우석 감독 영화(2013년)

"1980년대 부산에서 활동했던 인권 변호사의 이야기,
누구나 다 아는 노무현 전 대통령의 변호사 시절 이야기를
영화로 만들었는데 그 당시의 혈기에 빠져들게 됩니다.
돈 없고, 빽도 없고, 가방끈도 짧은 세무 변호사 송변.
단골 국밥집 아들의 사건을 맡으면서 조금씩 세상 밖으로 나옵니다.
부림사건이 모티브가 된 이 영화, 천만 명 넘게 봤다고 합니다.
아직 못 보신 분은 한번 보셔도 결코 후회하지 않을 겁니다."

명대사 : "저도 얼마 전에 깨달았습니다만 … 국민이 못 산다고
법의 보호도 민주주의도 못 누린다는 건 동의하지 못하겠네요."

"

가슴을 때리는 명대사가 많은 영화입니다. 꼭 노무현 전 대통령의 이야기가 아닐지라도 한번은 봐야 할 영화입니다. 이미 검증된 배우 송강호의 연기력도 볼만합니다. 우리 역사는 늘 부조리의 연속입니다. 민주화가 되어 조금 나아졌다고 생각하지만 여전히 비상식, 몰상식이 판을 치는 사회입니다. 법이 온전히 제 역할을 하지 못하는 것도 영화 속 송변이 활약하던 그때나 지금이나 별반 달라진 게 없는 것 같습니다. 그래서 이 영화의 유통기한은 없습니다. 여전히 현재 진행형입니다. 부산에서 세무, 등기 변호사로 일하는 송변은 과거 국밥집 주인 아주머니(김영애)에게 밥값 신세를 진 적이 있습니다. 이후 국밥집 아들 진우(임시완)가 뜻하지 않은 사건에 휘말립니다. 아주머니의 간절한 부탁을 외면할 수 없어서 구치소 면회만 도와주다가 진우의 충격적인 모습을 보고 결국 변호를 맡기로 합니다. "제가 하께요, 변호인. 하겠습니

더." 이 대사 때문에 영화 제목이 〈변호인〉이 된 것 같은 생각이 들 정도로 적절한 타이밍의 강렬한 대사입니다. 명대사는 그밖에도 많이 있습니다. 직접 옮겨 보겠습니다.

송우석: "국가? 증인이 말하는 국가란 대체 뭡니까?"
차동영: "변호사라는 사람이... 국가가 뭔지도 몰라?!"
송우석: "압니다. 너무 잘 알지요. 대한민국 헌법 제1조 2항, 대한민국의 주권은 국민에게 있고 모든 권력은 국민으로부터 나온다. 국가란 국민입니다! 그런데 증인이야말로! 그 국가를 아무런 법적 근거도 없이! 국가보안 문제라고 탄압하고 짓밟았잖소! 증인이 말하는 국가란! 이 나라 정권을 강제로 찬탈한, 일부 군인들, 그 사람들 아니야?!"

국가에 대해, 국민에 대해, 민주주의에 대해, 우리 헌법에 대해 다시 생각하게 하는 귀한 영화입니다.

냉정과 열정 사이

나카에 이사무 감독 영화(2016년)

"책으로도 읽었지만 영화의 감동 역시 큽니다.
제목 그대로 냉정과 열정 사이를 왔다 갔다 하는
배우들의 감정선을 부지런히 따라다녀야 합니다.
영상 미학이 뛰어납니다.
배경인 이탈리아 피렌체 풍경이 정말 아름답습니다.
연인들의 성지인 두오모 성당도 꼭 한번 가 보고 싶습니다."

명대사 : "끝까지 냉정했던 너에게 난 뭐라 말해야 할까?
어떻게 해야 가슴 속의 빈 공간을 채울 수 있을까?... 난 과거를
되새기지도 말고 미래에 기대하지도 말고 지금을 살아가야만 해...
아오이... 너의 고독한 눈동자 속에서 다시 한 번 더 나를 찾을 수 있다면
그때... 나는... 너를..."
(준세이의 대사)

"

저는 이 영화를 보면서 준세이 작업실이 정말 마음에 들었습니다. 천장 조명 두 개, 짧은 사다리가 놓이고 햇빛이 예쁘게 드는 창, 그 아래의 책장, 적당히 낮게 걸린 작품들... 정돈되지 않은 듯 자유로운 그 풍경이 '나도 한 번쯤 저런 공간에서 예술적 감수성을 채워보고 싶다.'는 생각을 갖게 했습니다. 생방송 뉴스 스튜디오에서 늘 긴박하게 방송하다 보면 준세이의 말랑말랑한 공간이 여유롭게 보여 부러울 때가 많았습니다. 이 영화는 이탈리아 배경이 아름답습니다. 첼로 선율의 OST도 인상적입니다. 애틋한 첫사랑을 그린 멜로 영화인데 전시관에서 아름다운 그림 한 편을 감상하고 나온 기분이 듭니다. 이들의 사랑이 아프고 슬프기는 하지만 위대하거나 감동적이지는 않습니다. 주변에서 있을 법한 사랑 이야기입니다. 그래서 더욱 공감이 가고 빠져들게 되는지 모르겠습니다.

인간은 늘 과거에 얽매이다 보니 새로운 사랑이 오면 머뭇거리게 됩니다. 첫사랑은 옛사랑이어서 생각할수록 더욱 그리워집니다. 사랑한다면 당당히 얘기하면 되지 멜로 영화답게 밀고 당기는 감정의 핑퐁 게임이 대단합니다. 준세이와 아오이는 10년 동안 서로를 잊지 못하고 곁에 있는 현재의 사랑에게 몹쓸 짓(?)을 하면서도 다시 사귀지 못하는 애매한 모습을 보여주기도 합니다. 가만히 생각해 봤더니 그들이 사랑했던 건 현재의 아오이, 준세이가 아니라 다시는 돌아갈 수 없는 과거의 첫사랑이 아니었나 싶습니다. 서로를 잊지 못했던 그 시절의 뜨거운 열정이 그리웠던 것이라고 생각합니다. 언젠가 한 번 자전거를 타고 이탈리아 피렌체의 골목길을 구석구석 돌아보고 싶습니다. 당연히 두오모 성당에도 올라가겠죠. 이 영화를 떠올리면서...

미션

롤랑 조페 감독 영화(1986년)

"미션의 뜻은 '성스러운 임무'입니다.

이 영화에는 그 유명한 넬라 판타지아(가브리엘 오보에 | 엔니오 모리코네

작곡)라는 감동적인 오보에 연주가 OST로 흐릅니다.

실화를 모티브로 한 영화로 하나의 사건이 아니라

여러 사건이 섞여 있습니다.

스토리도 탄탄한지만 로버트 드 니로, 리암 니스, 제레미 아이언스 등

명배우들의 연기가 영화를 더 빛내줍니다.

사랑과 종교의 진정한 의미를 깨닫게 됩니다."

명대사 : "실제로 죽은 건 나였고, 산 자는 그분들이었다" (알타미라노의

독백)

"

영화의 배경은 1750년 남미입니다. 줄리안 신부가 과라니족 원주민들에게 잡혀서 십자가에 묶인 채 순교합니다. 가브리엘(제레미 아이언스) 신부와 필딩(리암 니슨) 신부가 이를 발견합니다. 하지만 겁먹지 않고 두 신부는 다시 선교를 시작합니다. 가브리엘 신부가 원주민에게 포위되어 죽음의 위기를 맞을 때 오보에를 연주하는데, 이때 그 유명한 '넬라 판타지아(가브리엘 오보에)'가 흐릅니다. 신비한 소리에 감동한 원주민들은 신부를 받아들이고, 기독교를 믿게 되죠. 이후 전직 용병이면서 과라니족을 노예로 팔아먹던 로드리고(로버트 드 니로)가 나오는데 그는 자신의 애인을 건드린 이복동생과 펜싱으로 결투를 벌이다가 동생을 죽이게 됩니다. 죄의식에 시달리던 로드리고는 가브리엘 신부를 만나게 되고 그에게 감화돼 선교에 동참하게 됩니다. 로드리고는 무기 등을 싸서 밧줄에 끌고 뉘우침의 고행에 나섭니다. 과라니족은 그를 발견하고 죽이려고 했지만, 결국 사랑의 힘으로 용서합니다. 그리고 그들은 힘을 합쳐서 마을을 세우고 성당도 지었습니다. 그런데 이 지역의 식민권이 포르투갈로 넘어가고 교황의 특사로 알타미라노(레이 맥널리) 추기경이 왔습니다.

서양인의 눈에 과라니족은 짐승과 같았습니다. 가브리엘 신부 등은 과라니족에게 성가를 부르게 함으로써 똑같은 영적인 존재임을 보여주었습니다. 하지만 식민지 지배자들의 생각은 달랐습니다. 선교 사업도 필요 없다며 과라니족을 모두 내쫓으려고 했습니다. 알타미라노 추기경은 갈등했습니다. 그들도 인간임을 깨달았지만, 정치적으로 서양인의 편을 들 수밖에 없었던 거죠. 마침내 지배자들은 군대를 보내 원주민들을 공격했습니다. 가브리엘 신부는 비폭력으로 이를 막으려고 했고, 로드리고와 필딩 신부는 무기를 들고 맞서 싸우려고 했습니다. 그러나 결국 두 사람은 쓰러지고 맙니다. 비폭력으로 평화 행진하던 가브리엘과 아이들, 원주민들은 학살당합니다. 기독교를 먼저 믿었던 사람들이 오히려 학살자가 됩니다. 영화 엔딩에는 요한복음 1장 5절 말씀이 흐릅니다. "빛이 어둠에 비치되 어둠이 깨닫지 못하더라..."

뿌리

알렉스 헤일리의 소설을 드라마로 제작(1977년)

"미국 ABC 방송이 8부작으로 만든 드라마입니다.
1977년에 제작된 드라마로 제가 아주 어릴 때
오리지널 흑백으로 봤습니다.
1976년 출판된 알렉스 헤일리의 소설이 퓰리처상을 받았는데
이 소설은 1767년 감비아에서 납치돼 미국에 노예로 끌려온
쿤타킨테와 그 후손들의 삶과 고난을 서술하고 있습니다.
미국 흑인 노예들의 삶을 제대로 알기를 원한다면
이 드라마를 보면 좋습니다.
1977년 버전은 다시 보기 힘들 것 같고
2016년에 리메이크된 드라마를 보면 됩니다."

명대사 : "아버지는 이름을 지키기 위해서 밤낮으로 채찍질을 당했어."
(쿤타킨테의 회상)

66

　　1980년 언론통폐합 과정에서 강제로 문을 닫은 TBC 동양
방송이 있습니다. 제가 앵커와 기자, 도쿄 특파원으로 활동한
JTBC의 전신이죠. 초등학교에 다니던 시절 그 방송국에서 흑백
필름으로 〈뿌리〉를 방영했습니다. 당시 뿌리는 흑인 노예들의 실
상을 충격적으로 보여주었고 그야말로 열풍, 신드롬을 일으켰습
니다. 이 드라마는 자유와 인권의 존엄을 돌아보게 하는 매우 중
요한 작품입니다. 1977년 1월 미국 ABC를 통해 첫 방송되었는데
미국에서도 공전의 히트를 칩니다. 미국 인구의 절반 이상인 1억
4,000만 명을 TV 브라운관 앞으로 모여들게 했습니다. 그 정도
면 당연히 상을 받아야겠죠. 1977년 에미상 9개 부문을 휩쓸었
고, 1978년 골든글로브 시상식에서도 베스트 드라마상을 수상
하며 작품성도 인정받습니다.

드라마 〈뿌리〉는 1750년쯤 현재 아프리카 서부 감비아 지역 주푸레 마을에서 태어난 '만딩고족' 쿤타킨테의 출생으로 시작됩니다. 청년으로 성장한 쿤타킨테는 어느 날 노예사냥을 온 백인들의 손에 붙잡혀 강제로 노예선을 타게 되죠. 만딩고 족은 아프리카 흑인들 중에서 우수한 민족으로 알려져 있고 노예 시장에선 명품 노예로 취급돼 고가에 거래되는 수난을 당합니다. 당시 노예무역에 불문율이 있었는데 노예상들은 아프리카 동부 케냐와 탄자니아 등에 거주하는 장신 민족인 '마사이족'만은 노예로 잡아가지 않았다고 합니다. 그 이유는 너무나 용맹하고 자존심 강한 마사이족 특성상 잡히는 순간 즉각 스스로 목숨을 끊었기 때문입니다. 〈뿌리〉에서 가장 기억에 남는 장면은 키지가 고인이 된 아버지 토비의 무덤을 찾아, 묘비명에 적힌 미국 이름 토비Toby 글자를 훼손하고 쿤타 킨테Kunta Kinte를 새겨 넣는 장면입니다. 자신들의 정체성을 찾겠다는 시도입니다. 큰 감동으로 다가옵니다.

D.P (드라마)

웹툰 D.P 개의 날을 원작으로 제작된
넷플릭스 드라마 시리즈.

"한국 군대를 신랄하게 비판한 드라마입니다.
이렇게 솔직담백하게 비판해도 좋을까 싶을 정도로
적나라합니다. 군대 다녀온 사람들은 모두 고개를
끄덕일 정도로 실상을 아주 잘 담았습니다.
앞으로 군대 보낼 부모님의 걱정이 조금 커질 것 같습니다.
그래도 알려야 할 것은 알려야 합니다.
그 역할을 D.P가 조금 합니다."

명대사 : "뭐라도 해야 할 것 아냐?"

"

D.P는 탈영병을 잡는 헌병입니다. 사복을 입고 그 옛날 방위병으로 오해도 받으면서 학교 주변을 어슬렁거립니다. 그들의 군대 이야기가 넷플릭스에 올라와 아주 흥미롭게 봤습니다. 2014년 박근혜 정권 때가 시대적 배경입니다. 당시만 해도 군부대 구타가 꽤 심했던 때라고 합니다. 아버지 밑에서 폭력 피해를 당하며 살았던 주인공 한준호는 헌병 부대에 배치받자마자 인간 말종 같은 병장으로부터 구타를 당합니다. 구타 장면은 정말 리얼합니다. 군대 다녀온 한국 남자들에게는 구타가 일상일 때가 많았습니다. 지금은 조금 나아졌다고 하지만 폐쇄적인 조직이나 사회에서 감춰진 문제들은 적지 않습니다.

최근 성추행 사건이 육해공 모두에서 나온 점은 치밀어 오르는 분노를 참을 수 없게 합니다. 드라마를 그냥 드라마로 볼 수 없게 만드는 잔인한 현실이 마음을 더욱 무겁게 짓누릅니다. 이 영화를 보고 〈서부전선 이상없다〉라는 영화도 같이 봤는데 전쟁이 나면 결국 모든 피해는 병사와 민간인들에게 돌아간다는 걸 알 수 있습니다. 한반도는 아직 휴전 중입니다. 정권이 바뀌고 북한은 더욱 호전적인 모습을 보이고 있습니다. 나라를 지키는 데만 집중해도 모자랄 우리의 청년들이 군부대 내 폭력에 더 이상 희생돼서는 안 됩니다. 드라마 D.P에서 가장 인상 깊었던 대사이자 가장 슬픈 대사가 있습니다. "뭐라도 해야 할 것 아냐?" 뭐라도 해야 변하지, 그렇지 않으면 변하지 않을 것이라는 말은 가슴을 때립니다. 우리 군대가 변하지 않는 증거로 1953년에 생산된 수통이 지목됩니다. "아낄 걸 아껴야지 수통을 아끼고, 병사들 물품을 아낍니까?" 대한민국 예비역들이 가장 공감하면서 본 드라마, D.P는 대한민국 군대의 개혁을 촉구하고 있습니다.

나의 아저씨

tvN 16부작 드라마

"참, 사람 냄새나는 드라마입니다.
감히 인생 드라마라고도 할 수 있습니다.
좀 어두운 내용이기는 하지만 마음을 따뜻하게 합니다.
삶의 무게를 버티며 살아가는 아저씨 삼형제와
거칠게 살아온 한 여성(아이유)이 서로를 통해
상처를 치유해 가는 과정을 감동적으로 그려냈습니다."

명대사 : "네가 대수롭지 않게 받아들이면 남들도 대수롭지 않게
생각해. 네가 심각하게 받아들이면 남들도 심각하게 생각하고.
모든 일이 그래. 항상 네가 먼저야."

"

16부작인데 순식간에 다 봤습니다. 이선균과 아이유를 워낙 좋아해서 흠뻑 빠져들었습니다. 두 배우의 연기력은 물론이고 스토리의 힘이 정말 탄탄합니다. 우리 동네에서도 마주칠 것 같은 이야기가 가슴을 저리게 합니다. 명대사도 많아서 따로 메모해 둔 대사가 있을 정도입니다. 일단 삼형제의 서로 다른 삶에 눈길이 갑니다. 모든 드라마가 그렇듯이 주인공의 삶은 평탄하지 않습니다. 그래서 더 사람 냄새나는 드라마였는지 모릅니다. 출연하는 배우들도 연기를 참 감칠맛 나게 합니다. 캐릭터의 감정선을 섬세하게 잘 표현합니다.

사실 남자 형제들은 관계가 끈끈하지 않습니다. 그런데 이 드라마의 삼형제는 다릅니다. 주인공 박동훈의 형제 박상훈, 박기훈은 누가 봐도 부러울 정도의 형제애를 보여줍니다. 이선균이 연기한 박동훈은 이 시대 40대 회사원의 고충을 제대로 표현합니다. 그는 가족의 생계를 위해 일하지만 즐겁지 않고 쓸쓸해 보이는 남자입니다. 우리나라 40대들이 대부분 그렇습니다. 이런 박동훈의 삶을 뒤흔든 한 아이가 바로 아이유가 연기한 이지안입니다. 드라마 속 이지안을 볼 때마다 표정부터 상황까지 다 가슴 아프게 다가옵니다. 아픈 인생 이지안은 또 다른 아픈 인생 박동훈이 어느 시점에 눈물을 흘리고 어느 시점에 마음이 고요해지는지 잘 압니다. 박동훈의 삶이 눈을 감아도 눈에 들어오는 겁니다. 아픈 할머니를 봉양하는 아름다운 마음씨를 가졌지만 사람에게 상처받아 절대 누구에게도 기대지 않습니다. 대신 상황 판단 능력은 뛰어나서 아무것도 못 본척하면서 모든 걸 꿰뚫어 보는 눈을 가졌습니다.

이 드라마의 OST에 이런 가사가 흐릅니다. "고단한 하루 끝에 흘리는 눈물, 난 어디를 향해 가는 걸까, 아플 만큼 아팠다 생각했는데, 이 넓은 세상에 혼자인 것처럼..." 이 가사가 이지안의 삶을 그대로 보여줍니다. 16부작의 엔딩도 마음을 뭉클하게 합니다. 우리 인생을 대변한 참 감동적인 드라마 중의 하나입니다.

지금 만나러 갑니다

도이 노부히로 감독 영화

"저는 소지섭, 손예진 주연의 리메이크 영화보다
이 영화의 감동이 더 큰 것 같습니다.
스토리 자체가 눈물샘을 자극하지만
일본 배우들의 연기가 매우 섬세합니다.
〈지금 만나러 갑니다〉는 이미 세상을 떠난 아내가
장마가 시작되던 날 세찬 비바람과 함께 다시 남편과 아들을 찾아오고,
6주간 같이 지내게 된다는 판타지가 섞인 로맨스 영화입니다."

명대사 : "당신 곁에 있는 게 나의 행복이었어요."

"

제 둘째 아들이 세 살 때 극장에서 같이 봤던 영화입니다. 비 내리는 장면이 유독 많아 여름 장마철만 되면 어김없이 생각나는 영화입니다. 이치카와 타쿠지의 2003년 원작 소설을 토대로 제작됐습니다. 책은 일본에서 밀리언셀러 대 히트를 쳤습니다. 스토리는 이렇습니다. 사랑하는 아내를 잃은 남편 타쿠미와 아들 유우지는, 세상을 떠나기 전 '비의 계절에 다시 돌아오겠다'라던 미오의 말을 철석같이 믿고 있습니다. 타쿠미와 유우지는 너무도 어설픈 실력으로 집안일을 합니다. 부족해 보이는 아빠지만 최선을 다해 아들을 돌보고 학교에 보냅니다. 저도 두 아들이 있는 아빠로서 타쿠미 부자의 모습을 보며 가슴 한쪽이 먹먹해짐을 느꼈습니다. 자연스러운 공감대 형성이죠.

그렇게 꾸역꾸역 하루하루 살아가는 아빠. 그리고 비가 오래도록 내리는 장마철만을 기다리는 아들. 그들에게 기적처럼 엄마가 다시 찾아옵니다. 이건 기도의 힘이라고 해야 할까요? 순수한 믿음의 결과라고 해야 할까요? 너무나도 사랑했던 아내, 세상의 전부였던 엄마가 아무 일도 없었던 것처럼 그렇게 돌아왔습니다. 기적이라고밖에 얘기할 수 없습니다. 장마철 6주간의 기적은 이들 가족에게 그 무엇과도 바꿀 수 없는 행복을 선물했습니다. 하지만 예고된 이별은 결코 피할 수 없는 것일까요? 장마철이 끝나면 엄마는 다시 하늘나라로 돌아가야 합니다. 그 이별의 순간이 다가올수록 하늘의 먹구름처럼 마음도 점점 어두워집니다. 유우지는 엄마를, 타쿠미는 사랑하는 아내를 다시 보내줄 수밖에 없습니다. 끝내 미오가 다시 떠나는 장면은 아직도 잊혀지지 않습니다. 유우지는 오열했습니다. 저도 세 살 둘째 아들 옆에서 조용히 눈물을 훔치던 순간이었습니다. 슬프고 안타까운 장면입니다. 그래서 다시 희망합니다. 올해 장마철은 좀 더 길게 이어지면 참 좋겠다고 말입니다.

세상의 중심에서 사랑을 외치다

유키사다 이사오 감독 영화

"제 나이 또래의 사랑을 엿보았습니다.
배우들이 연기한 시대가 제 학창 시절과 오버랩 됩니다.
저는 여주인공 아키가 본인 소개를 잔잔하게 녹음한 카세트테이프를
어른이 된 사쿠가 듣는 장면이 참 좋았습니다.
몇 번을 돌려봐도 좋은 장면입니다."

명대사 : "네가 세상에 태어난 후 내가 없었던 적은 1초도 없었어... 내가
없어져도 너의 세계는 계속 이어지겠지..."

제일 기억에 남는 건 남자 주인공 사쿠타로의 회한 어린 탄식입니다. "왜 잊게 되는 걸까. 소중한 것들이 많았는데 말이야." 이 영화의 모든 걸 말해주고 우리 인생을 되돌아보게 하는 명대사입니다. 대부분의 사랑이 그렇습니다. 한여름 태양처럼 뜨겁게 타오르다가도 시간이 지나고 각자 현실의 삶에 지치면 기억 저편으로 사라지게 됩니다. 연인과의 헤어짐은 사실 엄청난 고통입니다. 그 고통을 잊기 위해 새로운 사랑을 찾아 헤매기도 합니다. 그런데 잊으려고 할수록 다시 살아나는 게 사랑의 감정입니다. 고통의 굴레에서 벗어났다고 생각했는데 어느 날 이삿짐 속에서 발견된 오래된 카세트테이프 하나가 그 기억을 되살립니다.

줄거리는 이렇습니다. 결혼을 앞둔 리츠코(시바사키 코우)가 이삿짐 속에서 카세트테이프를 발견합니다. 약혼자인 사쿠타로(오사와 다카오)에게 짧은 편지를 남긴 채 사라집니다. 사쿠타로는 리츠코의 행선지가 '시코쿠'라는 사실을 알고 그녀를 찾아 나섭니다. 시코쿠는 그의 고향이자, 첫사랑 아키와의 추억이 여전히 남아 있는 곳이기도 합니다. 1986년 고등학교 2학년 여름. 사쿠(고등학교 때의 사쿠타로: 모리야마 미라이)는 많은 남학생들이 좋아하던 동급생 아키(나가사와 마사미)를 하굣길에 마주칩니다. 얼굴도 예쁘고, 우등생에 스포츠까지 만능인 여학생입니다. 두 사람은 자연스럽게 친구가 됩니다. 함께 라디오 심야방송에 응모엽서를 보내고, 워크맨으로 음성 편지를 주고받으면서 사랑을 키워나갑니다.

심야방송, 엽서, 워크맨 등은 제 고등학교 시절 청춘의 상징이기도 했습니다. 그래서 이 영화에 더욱 눈이 갔는지 모릅니다. 단둘이 처음으로 무인도 여행을 마치고 집으로 돌아오던 날 갑자기 아키가 쓰러집니다. 그녀는 병원에 입원한 뒤에도 특유의 밝음을 잃지 않았고, 사쿠는 곁에서 애정을 듬뿍 쏟습니다. 하지만 자신이 해줄 수 있는 것이 많지 않음을 깨닫고 큰 슬픔에 빠집니다. 영화 포스터에 적힌 문구처럼 '생의 가장 마지막 순간에 찾아온 투명한 슬픔.' 그 슬픔 앞에서 저는 무장해제 되고 말았습니다.

스포트라이트

토마스 맥카시 감독 영화

"제가 평생 언론인으로 일했기 때문에 더욱 관심을 가지고 감상했던
영화입니다.
이상적인 언론의 역할을 '사회정의 구현을 위한 파수꾼'이라고 얘기하죠.
이 영화는 그 파수꾼의 역할, 언론의 존재 이유를 잘 보여줍니다.
우리 언론에 회초리 같은 영화 한 편입니다."

명대사 : "우린 어둠 속에서 넘어지며 살아가요.
갑자기 불을 켜면 탓할 것들이 너무 많이 보이죠."

“

언론과 언론인은 영화가 사랑하는 소재 중에 하나입니다. 세상의 첨예한 갈등을 다 품고 있기 때문일 겁니다. 갈등을 드러내는 것도 언론이고, 갈등을 감추는 것도 언론입니다. 기자가 나온 영화들을 보면 1985년 〈킬링필드〉가 생각나고, 2010년 〈그린존〉이라는 영화도 떠오릅니다. 〈그린존〉은 언론을 통해 이라크전의 실상을 알립니다. 한국 영화 중에는 〈모비딕〉, 〈제보자〉, 〈열정 같은 소리하고 있네〉 등이 있습니다. 그런데 이 영화 〈스포트라이트〉만큼 가장 현실적으로 '언론처럼'이 아닌 진짜 언론의 모습을 보여준 영화는 많지 않습니다. 취재를 위한 사전 자료조사, 취재원 확보, 팩트에 대한 아주 정밀한 검증, 치열한 논쟁과 갈등이 잘 그려져 있습니다. 당연한 언론의 모습이고 참 언론의 자세입니다. "세상을 바꾼 최강의 팀플레이!" 영화 포스터 카피가 멋집니다.

영화 스토리는 간단합니다. 미국의 3대 일간지 중 하나인 보스턴 글로브 내 '스포트라이트'팀은 가톨릭 보스턴 교구 사제들의 아동 성추행 사건을 취재합니다. 사건을 파헤치면 파헤칠수록 더욱 강하게 닫히는 진실의 장벽. 끈질긴 '스포트라이트'팀은 추적을 멈추지 않고, 마침내 성스러운 이름 속에 감춰졌던 사제들의 검은 얼굴을 세상에 드러냅니다. 이 과정에서 검증하고 또 검증하는 기자들의 노력이 대단합니다. 외압이 없는 자발적 검열도 지켜볼 수 있습니다. 언론이 가장 두려워해야 할 것은 외압이 아니라 바로 자기 자신이라고 합니다. 기자의 글은 잘 쓰면 공기지만 잘못 쓰면 흉기가 될 수 있습니다. 기울어진 운동장과 같은 현재 대한민국 언론의 실상을 보면 전직 언론인으로서 참담함을 금할 수 없습니다. 언론은 권력과 자본으로부터 반드시 독립돼야 합니다. 언론탄압과 길들이기도 좌시해서는 안 됩니다. 대한민국 모든 언론인이 스스로 반성하고 새로운 결기를 다지는 차원에서 이 영화를 꼭 봤으면 합니다.

킹메이커

조지 클루니 제작, 감독, 각본, 주연 미국 영화(2011년)

"이 영화의 원 제목은 〈The Ides of March〉 즉 '3월 15일'입니다.
한국 사람에게 3월 15일은 3.15 부정선거로 먼저 기억됩니다.
서양인들은 줄리어스 시저(율리우스 카이사르)의 죽음을 떠올립니다.
킹메이커는 미국 대통령 선거 과정을 다룬 영화입니다.
제가 지난 20대 대통령 선거에서 나름의 역할을 하면서 이 영화에 더욱
눈길이 갔습니다."

명대사 : "나는 기독교인이 아닙니다. 나는 무신론자도 아닙니다.
나는 유대인도 아닙니다. 나는 이슬람교도도 아닙니다.
내가 믿는 나의 종교는 바로 미국 헌법이라고 하는 것입니다."
- 모리스의 연설문 일부

"

저는 2012년 한국에서 개봉한 미국 영화 킹메이커와 2022년 1월 개봉한 한국 영화 킹메이커 그리고 2017년 개봉한 〈더 킹〉까지 다 보았습니다. 2022년 1월, 20대 대통령 선거 과정에 뛰어들면서 새롭게 마음을 다지기 위해 주의 깊게 감상했던 영화들입니다. 정말 모든 힘을 다해 대선을 치렀지만 쓰라린 아픔을 맛보았습니다. 뭐에 홀린 듯이 큰 표 차이도 안 나는데 정권을 넘겨주었습니다. 오랜 기간 가슴이 아파서 아무 일도 할 수 없었습니다. 그때 이 영화들을 다시 봤습니다. 무엇이 잘못되었는지 어렴풋이 보이더군요. 사람이 참 무섭다는 생각도 새삼 들었습니다. 정치권에서는 영원한 적도, 평생의 아군도 없는 것 같습니다. 그래서 배신이 차고 넘치는 곳이 정치의 영역인가 봅니다. 셰익스피어는 〈줄리어스 시저〉라는 비극에서 "3월의 가장 높은 날, 3월 15일을 조심하라."고 경고합니다. 그러나 그 경고를 대수롭지 않게 여긴 시저는 최측근인 브루투스의 칼에 죽습니다. 이처럼 최고 권력자가 최측근에 의해 무너지는 기가 막힌 현실을 가리키는 용어가 바로 '3월 15일'입니다. 셰익스피어도 '배신'이라는 키워드로 정치의 현실을 설명했습니다.

영화의 내용은 대략 이렇습니다. 대선후보 경선에 나선 주지사 '마이크 모리스'(조지 클루니)가 경쟁 후보인 '풀먼'과 접전을 벌이던 중, 홍보 책임자 '스티븐 마이어스'(라이언 고슬링)의 과감한 전략 덕분에 높은 지지율을 얻습니다. 명실공히 이번 경선의 '킹메이커'로 떠오른 스티븐은 같은 선거 캠프에서 일하는 매력적인 인턴 '몰리'(에반 레이첼 우드)와 깊은 관계를 맺게 되고, 그날 밤 그녀에게 걸려 온 '모리스' 주지사의 전화를 받고 혼란스러워합니다. 한편, 상대 진영의 홍보 담당관 '톰 더피'(폴 지아마티)는 스티븐에게 접근합니다. 자신이 지지하는 경선 후보의 치명적 비밀을 알게 된 '스티븐'의 선택과 행동이 이 영화의 핵심입니다. 〈더 킹〉이라는 영화에서는 최고 권력자가 검사로 표현됩니다. 자연스럽게 윤석열 정권과 연결됩니다. 킹은 군림하는 존재입니다. 이미 왕이라는 그 단어에서 민주주의는 사라지고 없습니다. 우리에게 더 이상 왕은 필요하지 않습니다. 오만하고 안하무인인 왕이 아니라 국민의 아픔을 이해하고 공감하면서 통합의 정치를 펼칠 수 있는 리더가 필요합니다.

레미제라블

톰 후퍼 감독 영화

"휴 잭맨, 러셀 크로우, 앤 해서웨이, 아만다 사이프리드 등
유명한 배우들이 주연으로 출연한 뮤지컬 영화입니다.
노래와 스토리 모두 감동입니다. 영화 보기 전에 빅토르 위고의
원작 〈레미제라블〉을 읽으면 감동이 더욱 큽니다."

명대사 : I dreamed a dream....

66

가난은 인류의 영원한 숙제입니다. 정치를 하거나, 하려는 사람은 특히 이 문제에 대해 명확한 생각과 해법을 가지고 있어야 합니다. 가난 해결은 달리 표현하면 민생을 제대로 살피는 일입니다. 정치인은 국민 모두가 잘 살 수 있도록 돕고 지원하는 역할을 감당해야 합니다. 그런데 각종 선거에서 당선되고 나면 자기들 잘 사는 것에만 집중합니다. 그 안타까운 마음을 안고 이 영화를 봤습니다.

주인공은 여러분이 잘 알고 있는 장발장입니다. 빵을 훔친 죄로 19년을 감옥에서 보낸 장발장이 형기를 마치고 세상으로 나옵니다. 전과 기록을 가진 그는 어딜 가도 일을 구하기가 쉽지 않습니다. 세상을 저주하던 장발장은 주교의 도움으로 주교관에서 머무르게 되지만 그곳에서 은식기를 훔쳐 다시 감옥에 갈 위기에 처합니다. 주교는 거듭 장발장을 돕습니다. 장발장이 은식기를 훔친 것이 아니라 자신이 선물로 준 것이라며 경찰에 그를 풀어줄 것을 요구합니다. 주교의 선행에 감격한 장발장은 진심으로 반성하고 새로운 삶을 살겠다고 다짐합니다. 이후 '마들렌'이라는 이름으로 한 지역의 시장까지 맡으며 선행을 베풀던 장발장은 그를 끊임없이 추격해온 자베르 경감에 의해 전과자의 정체가 세상에 드러날 위기에 처합니다. 한편, 장발장의 공장에서 일하던 판틴은 억울하게 쫓겨나게 되고, 여관에 맡겨둔 딸 코제트의 양육비를 벌기 위해 매춘의 길로 들어섭니다.

가난은 그렇게 현실을 암울하게 만듭니다. 건강이 급격히 나빠진 판틴을 장발장이 도와주게 되는데, 이때 자베르 경감이 장발장의 정체를 최종적으로 확인하게 됩니다. 스토리 전개가 매우 흥미진진합니다. 아주 긴 러닝타임의 영화인데도 전혀 지루하지 않습니다. 프랑스 혁명을 다루고 있어서 역사적 배경을 이해하는 데도 큰 도움이 됩니다. 사랑과 용서, 구원과 희망을 노래하는 이 영화는 요즘처럼 어둡고 힘이 빠지는 시기에 다시 일어설 에너지를 선물합니다.

노무현입니다

이창재 감독 다큐멘터리 영화

"노무현이라는 사람의 정치적 공과나 사법적 진위를 떠나서
인간 노무현에 대해 다시 보게 됩니다.
이미 잘 알고 있다고 생각했지만
전혀 모르고 있었던 한 남자의 고독과 고백도 마주하게 됩니다."

명대사 : "권력에 맞서서 당당하게 권력을 한번 쟁취하는
우리의 역사가 이루어져야 이제 비로소 우리의 젊은이들이
떳떳하게 정의를 얘기할 수 있고 떳떳하게 불의에 맞설 수 있는
새로운 역사를 만들어낼 수 있다!"

66

국회의원 한 번 되기도 힘들었고, 대통령은 감히 꿈도 꿀 수 없었던 사람입니다. 그래서 만년 꼴찌라고 불렸던 노무현이 대통령 후보가 되기까지의 과정을 그린 다큐멘터리 영화입니다. 어느 정도 그분의 삶을 알고 있었지만, 감춰졌던 인간적인 모습을 보면서 고독과 아픔을 새삼 발견하게 됩니다. 잊고 지내던 첫사랑을 다시 만난 듯한 기분이 듭니다. '결말이 아닌 과정을 보여주는 영화. 시작은 미약했지만 마지막은 창대했다.' 이 영화를 예고하는 자막이 모든 것을 함축하고 있습니다.

〈노무현입니다〉는 개봉 첫날부터 8만 관객을 동원하며 역대 다큐 영화 오프닝스코어 기록을 갈아치웠습니다. 개봉 3일 만에 손익분기점을 넘어서는 기염을 토했습니다. 국회의원, 시장 선거 등 출마하는 선거마다 번번이 낙선했던 만년 꼴찌 후보 노무현은 2002년 대선 당시 대한민국 정당 최초로 도입된 새천년민주당 국민참여경선에 당당히 출사표를 던집니다. 제주를 시작으로 전국 16개 도시에서 이어진 대국민 정치 이벤트. 쟁쟁한 후보들과 엎치락뒤치락하며 제주 경선 3위, 울산 1위에 이어 광주를 석권합니다. 지지율 2%의 꼴찌 후보 노무현이 아무도 예상하지 못했던 노풍을 일으키며 강원도, 경남, 전북, 대구에서도 연거푸 1위를 차지합니다. 그 과정 자체가 영화 이상의 재미를 선사합니다.

대선후보 1위, 국민의 대통령이 되기까지 2002년 대한민국을 휩쓸었던 노무현. 그 기적의 역전 드라마가 손에 땀을 쥐게 합니다. 반칙에 맞서 거센 파도를 헤치고 나간 인간 노무현의 고뇌와 고백도 들을 수 있습니다. 이 영화는 노무현 만의 영화가 아니라 깨어있는 시민들의 영화입니다. 바른 생각을 가진 시민들이 정치인을 어떻게 키워나가는지 엿볼 수 있습니다. 중간중간에 노무현을 잘 아는 지인 39명의 인터뷰도 눈길을 끕니다. 그들의 이야기 속에서 노무현의 그림자를 발견합니다. 대한민국 현대사에 큰 획을 그은 정치인입니다. 그래서 책에 밑줄을 긋듯 영화에 밑줄을 긋는 심정으로 영화를 감상했습니다.

내부자들

우민호 감독 영화

"이병헌의 '모히또에 가서 몰디브나 마실까요?'라는 대사로
유명한 영화입니다.
가벼운 듯 꽤 무거운 대사가 많습니다.
정치, 언론, 경제의 기득권 카르텔을 리얼하게 그렸습니다.
픽션이지만, 픽션이 아닌 듯 현실을 잘 표현했습니다.
스토리, 연출, 엔딩까지 모두 인상적인 영화입니다."

명대사 : "정의? 대한민국에 그런 달달한 것이 남아 있긴 한가?"

66

때로는 현실이 영화보다 더 영화 같습니다. 도저히 일어날 것 같지 않은 일이 실제로 벌어집니다. 오히려 더 잔인하고 거칩니다. 영화의 상상력이 현실을 따라가지 못합니다. 그런데 이 영화는 현실을 제법 리얼하게 반영했습니다. 미디어 특성상 언론과 기업은 공생 관계를 유지하는 경우가 많습니다. 언론사는 기업의 광고료 수익으로 운영되고, 기업은 언론사와 돈독한 관계를 맺으면서 성장합니다. 언론과 정치도 역시 밀접한 관계입니다. 카르텔은 상호 이해관계가 맞아떨어질수록 공고해집니다. 정치인과 언론인, 기업인은 각자의 이익을 좇아 힘을 합치기도 하고 때로는 서로의 등에 칼을 꽂으며 배신합니다.

〈내부자들〉은 우리 사회의 부조리를 극명하게 보여주는 영화입니다. 오로지 출세가 인생 목표인 평검사와 복수를 꿈꾸는 깡패의 조합도 어색함을 상쇄할 정도로 조화롭게 흐릅니다. 이병헌이 연기한 안상구의 지략은 특히 볼만합니다. 이 영화를 단순한 범죄, 비리 영화로 치부할 수 없는 이유들입니다. 대한민국의 여론을 움직이는 신문사 논설주간, 백윤식의 대사는 우리 사회의 그늘을 적나라하게 드러냅니다. "어차피 대중들은 개돼지입니다. 뭐 하러 개돼지들한테 신경을 쓰시고 그러십니까. 적당히 짖어 대다가 알아서 조용해질 겁니다." 경악을 금치 못할 대사지만 현실에서도 얼마 전 교육공무원의 발언으로 큰 논란을 일으킨 적이 있고, 지금도 어두운 밀실 어딘가에서 수없이 반복되고 있을지도 모를 얘기입니다. 영화에서는 더러운 야합의 장면이 생생하게 그려집니다. 일반 시민들은 상상할 수도 없는 권력을 나눠 가진 자들의 비루하고 추한 욕망이 흘러넘칩니다. 법 위에 군림하는 사람들입니다. 밀실에 숨어 검은 욕망을 키우는 악마들을 더 이상 방치할 수 없습니다.

생일

이종언 감독 영화 | 설경구, 전도연 출연

"영화 〈생일〉은 2014년 4월 16일 세월호 참사로
아이를 잃은 한 가정의 이야기입니다.
영화를 보면서 눈물을 꽤 흘렸던 기억이 납니다.
세월호는 대한민국 한 시대의 고통이자 슬픔입니다.
2022년 10월 29일 이태원 참사도 마찬가지입니다.
위로와 공감이 필요합니다."

명대사 : "늦은 밤이나 새벽. 아무런 기척도 없는데 현관 센서등이
반짝 켜지곤 했지요? 놀라지 마세요. 어머니 저예요. 이제 저는
보이지 않게 가고, 보이지 않게 차려 놓으신 밥을 먹고,
보이지 않게 어머니를 안아요. 다시 놓지 않으려 당신을 꼬옥 안아요.
그때 센서등이 반짝 켜지는 거예요."

"

'왜 이렇게 꽃다운 우리 아이들을 데려가시나요?' 저는 세월호 참사 때 드렸던 원망 어린 기도를 2022년 10.29 이태원 참사 때도 똑같은 비통함으로 하나님께 올렸습니다. 셰익스피어는 1596년 아들 엠넷을 잃고 희곡 〈존 왕〉을 완성했습니다. 〈존 왕〉에도 어린 아들을 잃은 여인, 콘스탄스가 등장합니다. 아이를 잃은 어머니의 고통은 아이의 방을 가득 채웁니다. 콘스탄스의 고통은 곧 셰익스피어의 고통이기도 합니다. 부모에게는 아이가 남긴 모든 것, 아이를 떠올리게 하는 모든 것이 다 고통입니다. 사라진 건 아이의 몸일 뿐 아이에 관한 기억은 시간이 흘러도 생생합니다.

영화 〈생일〉에서는 아버지가 부재중인 상황에서 엄마 혼자 아이의 죽음을 오롯이 감내합니다. 씻을 수 없는 상처와 고통을 한 가정이 어떻게 받아들이고 대처하는지 처절하게 보여줍니다. 아이는 세상을 떠났지만 '그럼에도 불구하고' 이 땅에 남은 가족은 하루하루 살아가야 합니다. 가뜩이나 힘겨운 삶인데 슬픔의 무게까지 더해져 견디기 힘든 일상입니다. 너무나도 선명한 아이에 대한 기억은 날카로운 칼날이 되어 마음을 갈가리 찢습니다. 우리 모두는 세월호의 아픔을 간직한 채 이태원의 고통을 마주해야 했습니다. 그러나 시간이 흐를수록 사회의 아픔은 희생자 유가족만의 비극으로 축소될 가능성이 큽니다. 과거 비슷한 과정을 뉴스 앵커로 고스란히 지켜봐야 했던 저는 마음이 더욱 쓰리고 아립니다. 영화 속 아이가 머물던 방은 아픔의 방이고 슬픔의 방입니다. 엄마는 고통을 이겨내기 힘들어 자꾸 무너지고 주저앉습니다. 큰 슬픔에 빠져 지금도 힘겨운 시간을 보내고 있을 참사 유가족들에게 가슴 깊은 위로를 전합니다.

벌새

김보라 감독 영화

"광주 MBC 기자 시절
성수대교 붕괴 사고를 강 건너에서 목격했습니다.
대한민국 수도 서울에서
어떻게 이런 끔찍한 참사가 발생할 수 있을까요?
김보라 감독의 충격도 컸던 것 같습니다.
1994년의 아픈 기억이 중학교 2학년 소녀를 통해 다시 소환됩니다."

명대사 : "다만, 나쁜 일들이 닥치면서도 기쁜 일들이 함께 한다는 것.
우리는 늘 누군가를 만나 무언가를 나눈다는 것.
세상은 참 신기하고 아름답다."

"

우리나라는 왜 이렇게 대형 참사가 끊이지 않을까요? 성수대교와 삼풍백화점 붕괴, 세월호 침몰, 이태원 참사....끔찍한 사고들이 잇따르고 있습니다. 희생자와 유가족만의 피해가 아니라 온 국민의 고통이고 슬픔입니다. 시간이 흘러도 좀처럼 잊히지 않습니다. 이태원 참사로 제 지인의 조카도 목숨을 잃었습니다. 결코 남의 일이 아닙니다. 한두 사람만 건너면 피해자와 연결됩니다. 1994년 10월 21일에 발생한 성수대교 붕괴 사고도 마찬가지입니다. 당시 성수대교를 건너 왕십리와 압구정을 오가던 수많은 시민이 큰 충격을 받았습니다. 간발의 차이로 살아남은 사람들도 깊은 상처를 입었습니다. 완전히 치유되지 않은 트라우마로 고통을 겪고 있는 사람도 있습니다.

〈벌새〉는 성수대교 붕괴 사고의 아픔을 직시하는 영화입니다. 벌새는 1초에 90번 날갯짓을 하는 세상에서 가장 작은 새입니다. 주인공 은희가 벌새와 비슷한 신세입니다. 외로움과 상처의 무게를 감당하면서 사랑받고 인정받기 위해 끊임없이 날갯짓합니다. 공부에 뜻이 없어 강남 학구열을 견디지 못합니다. 집에서도 그다지 관심을 받지 못한 채 살아갑니다. 그러면서도 날아오르기 위해 최선을 다합니다. 은희는 둘째 언니가 사고 시각에 버스를 타고 성수대교를 지나고 있었을 거라며 아빠에게 알립니다. 가족들은 극도의 불안감에 휩싸이는데 다행히 둘째 언니는 버스를 늦게 탄 덕분에 사고를 피할 수 있었습니다. 반면 은희가 사랑하던 영지 선생님은 붕괴 사고로 세상을 떠난 사실이 뒤늦게 전해집니다. 대형 참사는 이렇듯 소중한 가족과 이웃의 생명을 앗아갑니다. 얼마든지 막을 수 있었던 인재가 대부분이어서 안타까움과 고통이 더욱 큽니다. 다시는 가슴 아픈 참사가 현실은 물론 영화에서도 재연되지 않기를 간절히 바랍니다.

저의 말이 세상에 힘을 주러 달려갑니다

어떤 분들은 사자성어를 뽐내기 위해서 사용합니다. 좀 멋들어지게 자기의 지식을 과시하려는 욕심이 있습니다. 그런데 저는 그런 지식의 뽐냄이 좋아 보이지 않았습니다. 그렇다고 그들을 욕할 입장도 아닙니다. 다만 사자성어가 태어났을 시점에 왜 그런 말이 나왔을까를 생각했습니다. 그러다 보니 겉으로 화려한 지식의 글이 아니라 속으로 우리의 마음을 탄탄하게 만들 지혜의 글이 보였습니다. 저는 방송을 하면서 그런 글들을 하나씩 제 노트북에 모아 놓았습니다. 차곡차곡 쌓으면 결국 자산이 되는 것 같습니다. 그 글들이 저의 새로운 출발에 응원의 에너지를 주고 있습니다. 방송만 하던 제가 정치의 세계에 발을 들여놓습니다. 그 도전의 길목에서 지혜의 글들이 실제로 큰 힘이 됩니다. 그런데 이 글들이, 이 말들이 저에게만 힘을 주는 것이 아깝고 아쉬웠습니다. 그래서 제 도전에 앞서 이 책을 세상에 먼저 내놓습니다. 사자성어뿐만 아니라 제 말과 글에 힘을 실어줄 시 한 구절, 위대한 인물의 명언, 책, 영화, 드라마에서 밑줄 친 말에 제 생각을 더해 여러분에게 보냅니다.

제가 준비한 이 말과 글들은 다섯 겹의 카스텔라 빵이 되었습니다. 빵과 빵 사이에 딸기와 설탕에 절인 사과 등이 적절하게 자리를 잡고 있습니다. 보기도 좋고 맛도 좋은 케이크입니다. 지나치게 달지 않아서 나이 드신 분도 걱정 없이 드셔도 됩니다. 그렇다고 맛이 밋밋한 것도 아니어서 청년들의 축 처진 어깨를 곧추세워줄 수 있는 맛과 에너지도 있습니다. 글 사이사이에 땅콩이나 호두와 같은 견과류를 섞듯 제 생각을 조금씩 더했습니다. 읽는 모든 이들의 마음 건강을 세심하게 배려했습니다. 책 속에 저 이정헌의 인생 이야기는 최소화했습니다. 제 경험이 자칫 교만함으로 흐를까 염려되었기 때문입니다. 지혜를 전하려 했는데 사자성어를 가지고 뽐내려 했던 다른 이들처럼 저도 혹시 멋진 말과 글로 뽐내는 것은 아닌지 조심했습니다.

여기 모은 말과 글들은 저에게 번개처럼 쿵 하고 다가온 것들입니다. 제가 받아들일 때 느낌이 워낙 강해서 아직도 이 말과 글을 가만히 들여다보면 정신이 멍할 때가 있습니다. 제가 그렇게 강하게 충격을 받은 말과 글을 여러분도 느껴보시기 바랍니다. 물론 제가 받은 충격과는 다를 수 있을 겁니다. 그러나 분명 내일의 걱정과 불안을 털어버릴 긍정적 에너지가 되리라 생각합니다. 저는 제가 느슨해질 때마다 책을 읽고 밑줄을 칩니다. 영화를 보며 저의 사막 같은 감성에 비를 내립니다. 드라마에 빠져들면서 세상의 아픔에 공감의 손을 내밉니다. 생방송을 준비하다가도 중간 중간 시 한편을 음미하면서 언어의 놀라운 힘, 시인들의 놀라운 비유에 감동합니다. 그 감동의 뒤에 남는 것이 제 삶에 응용할 깨달음일 겁니다.

세상에는 참 좋은 콘텐츠가 많습니다. 그러나 그 콘텐츠들이 저에게 스며들지 않으면 그냥 먼지와 같은 겁니다. 저는 비처럼, 눈처럼 제 머리 위에 내린 콘텐츠들을 흡수하며 비틀거리는 제 발걸음을 바로 잡습니다. 사자성어든 시든 자기 삶에 녹아들지 않으면 그것은 인문학이 될 수 없습니다. 인문은 삶의 무늬라고 했습니다. 여러분의 삶의 무늬에 이정헌이 깨달은 지혜들이 더해지면 참 좋겠습니다. 인생은 선택의 연속이라고 합니다. 어떤 직업을 선택해야 할지, 어떤 사업을 선택해야 할지, 어떤 사람을 만나야 할지....이 선택의 무한한 순간마다 책에 담긴 지혜의 영양소들이 분명 큰 역할을 할 것입니다. 제가 이 책을 세상에 내놓으면서 품는 소망은 단 하나입니다. 책에 담긴 글 중에 단 하나의 문장이라도 여러분의 삶에 작은 변화를 일으킬 수 있기를 바랍니다. 그 변화가 실제 이뤄진다면 이 책은 태어난 값어치를 충분히 했다고 자부합니다.

12세기 르네상스 시대 프랑스에서 플라톤의 사상을 연구하고 발전시킨 샤르트르 학파의 중심인물 베르나르 드 샤르트르는 이런 말을 합니다. "거인의 어깨 위에 올라타면 더 멀리 볼 수 있다." 저는 그동안 사자성어, 시, 명언, 책, 영화, 드라마 등을 통해 거인의 어깨에 올라탔습니다. 여러분은 저의 농축된 경험을 그대로 받아들여 조금 편하게 거인의 어깨 위에 올라서기 바랍니다. 이 책에 소개된 시, 책, 영화를 찾아서 보셔도 좋습니다. 저와 다른 감동이 있겠지만 분명 인생을 살아가는데 아주 큰 지혜를 발견하실 겁니다. 사람은 보통 100년도 못 삽니다. 그 100년 미만에 경험할 수 있는 것은 극히 제한적입니다. 여행을 가고 싶다고 전 세계를 다 둘러볼 수는 없습니다. 책을 아무리 좋아해도 1년에 천 권의 책을 읽을 수는 없습니다. 그 한계를 조금 덜어드리고자 이 책을 준비했습니다.

위대한 인물은 위대한 말 한마디를 남기고 그 말 한마디로 기억됩니다. 계란으로 바위 치기 같은 상황에서 이순신 장군은 "신에게는 아직 열두 척의 배가 있습니다. 죽기를 각오하고 싸우면 적을 물리칠 수 있습니다."라는 말 한마디로 명량해전을 승리로 이끌었습니다. 미국 저널리즘의 아버지로 불리는 벤저민 프랭클린은 신문의 한 컷 만평에 'Join, or Die' 즉, '뭉치지 않으면 죽는다'라는 문구를 실어 국민의 단결을 호소했습니다. 네로 황제처럼 절대 권력자가 아니라도 우리의 말 한마디는 듣는 사람에게 큰 힘이 되기도 하고 큰 상처가 되기도 합니다. 우리가 무심코 던진 말 한마디를 10년이 넘도록 마음에 품고 있는 사람도 있습니다. 그 사람에게 우리는 우리가 던진 그 한마디 말로 기억될 겁니다. 삶의 기적을 일으키는 것도 한마디 말에서 시작되고, 인생의 깊은 깨달음도 한마디 말에서 비롯됩니다.

호랑이는 죽어서 가죽을 남기고 사람은 죽어서 이름을 남긴다고 했습니다. 이름을 남긴 그 사람을 우리가 기억하는 것은 그가 남긴 한마디 말 때문입니다. 사람은 결국 그가 남긴 말로써 기억됩니다. 위대한 말은 처음부터 위대하지 않았고, 처음부터 먼 곳에 있지 않았습니다. 지금 여러분이 타고 다니는 버스나 지하철 안에도 위대한 말은 있습니다. 말과 글은 귀를 기울이고 눈여겨보지 않는 사람에게는 다가오지 않습니다. 이름을 남기려고 애쓴 사람들의 말도 여러분이 관심을 기울이지 않으면 그냥 흘러

가는 소리일 뿐입니다. 그 좋은 말과 글이 그냥 흘러가지 않도록 저 이정헌이 몇 개 붙잡아 놓았습니다. 일단 그 말과 글부터 관심을 가져주시면 여러분의 인생에 뭔가 분명한 변화가 생길 것 같습니다.

우리는 학교 안에서의 배움이 끝이 아닌 걸 알아야 합니다. 저도 반백 년을 살면서 학교 밖의 배움이 더 크다는 걸 깨달았습니다. 가끔 제 후배들이 하는 말속에도 가르침이 있었고 제가 싫어하는 사람들이 내뱉는 말속에도 지혜가 있었습니다. 배우려고 마음만 먹으면 세상 모든 것이 스승입니다. 저는 그런 자세로 이 책을 써 내려갔습니다. 스승을 한자리에 모신다는 겸허한 마음으로 글을 썼습니다. 이 책에 나온 말과 글은 가끔 삶이 힘들어 비틀거릴 때 여러분을 붙잡아 줄 지팡이가 될 것입니다. 캄캄한 밤길을 걸어갈 때 앞을 비출 등불이 될 것입니다. 여러분과 함께 이 책의 지혜를 나누면서 손잡고 먼 길을 떠날 수 있으면 정말 좋겠습니다.

2023년 1월 27일
함께 멀리 가는 마음을 담아
전주 한옥마을에서

사람을 살리는 말의 힘

초판 1쇄 발행 2023년 4월 10일
초판 1쇄 인쇄 2023년 4월 15일

지 은 이 이정헌
발 행 인 전익균

기　　획 조양제
이　　사 김영진, 김기충
편　　집 유정호, 김 정
디 자 인 페이지제로
관　　리 송희진, 유민정, 권진호
마 케 팅 (주)팀메이츠
유　　통 새빛북스

펴 낸 곳 (주)새빛컴즈
전화 (02) 2203-1996 **팩스** (050) 4328-4393
출판문의 및 원고투고 이메일 svcoms@naver.com

가격 18,000원
ISBN 979-11-974717-6-6 03190